历史的丰碑——巴黎公社

主　　编　闫　玉
副 主 编　孔德生　王雪军
本册作者　于　元

中华工商联合出版社

图书在版编目（CIP）数据

历史的丰碑——巴黎公社 / 于元编著. --北京：
中华工商联合出版社，2014.3
（马列主义知识学生读本系列）
ISBN 978-7-5158-0861-1

Ⅰ．①历… Ⅱ．①于… Ⅲ．①巴黎公社－历史 Ⅳ．
①K565.44

中国版本图书馆 CIP 数据核字（2014）第 036021 号

历史的丰碑——巴黎公社

作　　者：于　元
出 品 人：徐　潜
策划编辑：魏鸿鸣
责任编辑：徐彩霞
封面设计：徐　超
责任审读：郭敬梅
责任印制：迈致红
出版发行：中华工商联合出版社有限责任公司
印　　刷：固安县云鼎印刷有限公司
版　　次：2014 年 4 月第 1 版
印　　次：2021 年 10 月第 2 次印刷
开　　本：155mm×220mm　1/16
字　　数：88 千字
印　　张：10
书　　号：ISBN 978-7-5158-0861-1
定　　价：38.00 元

服务热线：010－58301130
销售热线：010－58302813
地址邮编：北京市西城区西环广场 A 座
　　　　　19－20 层，100044
http://www.chgslcbs.cn
E-mail：cicap1202@sina.com（营销中心）
E-mail：gslzbs@sina.com（总编室）

目 录 *Contents*

一、巴黎公社的时代背景 /001

（一）拿破仑三世的黑暗统治 /001

（二）影响法国工人运动的
种种学说 /010

（三）《共产党宣言》给法国工人运动
带来了新局面 /014

（四）第二帝国走到了尽头 /022

二、无产阶级革命果实落入
资产阶级手中 /031

（一）色当惨败 /031

（二）法兰西第三共和国的成立 /037

三、巴黎无产阶级建立公社的
第一次尝试 /041

（一）卫国和卖国 /041

（二）胜负之间 /046

四、巴黎公社成立 /051

（一）卖国的国防政府 /051

（二）全世界无产阶级的光辉节日 /057

（三）新的阴谋 /070

（四）欢庆巴黎公社成立 /076

五、公社新政 /098

　　（一）建立新型民主政权 /098

　　（二）全面改革 /100

　　（三）巴黎新貌 /110

六、公社保卫战 /116

　　（一）出击凡尔赛 /116

　　（二）卷土重来 /122

　　（三）流血的一周 /127

七、传递巴黎公社社员心声的

　　《国际歌》/141

　　（一）鲍狄埃为《国际歌》作词 /141

　　（二）狄盖特为《国际歌》谱曲 /146

八、巴黎公社的历史意义 /149

参考文献 /155

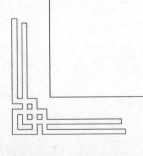

一、巴黎公社的时代背景

（一）拿破仑三世的黑暗统治

巴黎公社是一个在 1871 年 3 月 18 日到 5 月 28 日两个多月中由法国无产阶级建立的统治巴黎的政府。

法国即法兰西，位于欧洲西部，与比利时、卢森堡、德国、瑞士、意大利、摩纳哥、安道尔和西班牙接壤，与英国隔海相望。

根据考古者发现的出土文物，法国在数十万年前已有人类居住。

公元前 57 年，现在法国所处的一片地区成为罗马帝国高卢省的一部分。

公元 5 世纪时，法兰克人移到这里定居，并建立了法兰克王国，到公元 8 世纪时，法兰克王国进入帝国时代，这个帝国包括后来的法兰西、德意志、意大利。

10 世纪时，法兰克帝国分裂成三个国家：东部是后来的德意志，中部是后来的意大利，而西部就是法兰西。

法兰西经过与英国长达 116 年的百年战争后，在 15 世纪末形成了一个中央集权制和君主专制政体的国家。

巴黎是法国首都，位于法国北部盆地的中央，横跨塞纳河两岸。由于得天独厚的地理位置，法兰西在此建都已有 1400 多年的历史了。

巴黎不仅是法国也是西欧的政治、经济和文化中心。巴黎是世界上最繁华的大都市之一，素有"世界花都"之称，巴黎公社就是在这里诞生的。

"公社"一词最早指中古时期欧洲的自治城镇，其特色是市民拥有一定的权利，包括财产权、行政权等。中古时期的公社并未形成民主政治，一般都是有钱公民主导的寡头政治。后来，这一名词也用于各种其他由人民集合而成的组织，如巴黎公社、人民公社等。

巴黎公社是社会主义的早期实验。巴黎公社并不是革命者登高一呼，便在一夜之间诞生的，它的诞生有一个渐进的过程。因此，要想了解公社，必须从头说起。

巴黎公社之所以出现，正是拿破仑三世统治的结果。拿破仑三世是拿破仑的侄子，从小在巴黎皇宫中长大。

1815 年，拿破仑兵败滑铁卢，波旁王朝复辟，拿破仑王朝的成员被迫流亡国外。

1830 年，法国资产阶级对被剥夺选举权大为不满，因而发动七月革命，推翻了复辟的波旁王朝。奥尔良公爵依靠资产阶级的支持登上王位，建立了奥尔良王朝，也称七月王朝。

1848 年，法国爆发二月革命，第二共和国取代了七月王朝。这时，拿破仑三世得以重返法国，出任议员。

第二共和国宪法出台后，总统选举随即在 1848 年 12 月 10 日展开。拿破仑三世在选举中以拿破仑为号召，呼吁重建强大的法国，因而以压倒性的优势当选总统。他以重建秩序，创建强力政府，建立社会保障，整理整个社会，重建国家荣誉为宣传焦点。从而得到波旁王朝遗老、奥尔良王朝成员和旧贵族等君主主义者的支持。

1851 年 12 月 2 日，拿破仑三世发动政变，当上了皇帝，建立了法兰西第二帝国。

因为拿破仑三世的叔叔拿破仑所建立的帝国称法兰西第一帝国，所以他建立的帝国称法兰西第二帝国。又因为拿破仑的独生子称拿破仑二世，所以他自称拿破仑三世。

这年 12 月 30 日，参议院发布法令，将略加修改后的 1852 年 1 月 14 日宪法确认为第二帝国宪法。

在拿破仑三世统治下，法国实行议会多院制。议会分三院：参议院、国务会议、立法团。

参议院由名流显贵组成，共有 80 人，后来增至 150 人，其成员均由皇帝指定，终身任职。皇帝的主要亲属、元帅、海军上将、红衣主教等是参议院的当然成员。参议院正副议长及领导机构成员全由皇帝圈定，会议内容对外保密。参议院的职能是按皇帝旨意审查各项法令是否符合宪法，接受请愿，取消有悖于宪法的行政裁决，有权为重要的法案提供法律依据，并有权以发布参议院法令的形式补充或修改宪法。这个以"宪法保卫者"自居的机构实际上是皇帝的统治工具。

国务会议由 40～50 名参事组成，名义上是最高法案评议委员会，其成员全由皇帝任免。国务会议的职能是在皇帝授意下制定法规和起草法令。会议由皇帝主持或任命他人主持。会后，皇帝指派 3 名参事以政府特派员身份在立法团会议上提交法规草案并进行辩护，获得通过后，再正式作为法律由皇帝颁布。这样，国务会议实际上只是为皇帝起草法案的秘书处，也是皇帝旨意的辩护士。

立法团由年满 21 岁的男性公民普选产生，但议会代表的候选人均由政府指定，实行"官方候选人"

制度，选民只有遵命投票的权利。立法团开会由皇帝亲自召集，正副议长也由皇帝任命。立法团只是讨论、表决政府特派员宣读的法案，分别表决政府各部预算和决定税收。他们对现成法案只能被动地表示赞同或反对。因此，立法团处于无足轻重的地位，开会时不设讲台，每个议员只能在座位上发言。

参议员年薪高达 3 万法郎、国务参事 2.5 万法郎，而立法团议员没有薪金。因此，当时有人把立法团讥讽为皇帝的"法律登记所"。

第二帝国不存在对议会负责的责任内阁制，其政府由皇帝及各部大臣组成。宪法规定所有大臣均由皇帝任命，并从属于皇帝一人。各大臣之间没有连带责任，大臣不得兼任立法团成员，也不许出席立法团会议，大臣须绝对服从皇帝。省长、副省长和市长必须根据皇帝旨意由内政大臣任免，同样要对皇帝负责，中小城镇的市长和镇长可由省长任免。

在第二帝国，各级官吏均享受高薪，如大臣年薪为 4 万法郎，还可兼职兼薪。国务会议副议长、被人称为"副皇"的鲁埃身兼多职，年薪高达 26 万法郎，而拿破仑三世的年薪高达 2600 万法郎。

在第二帝国的权力结构中，最大的特点是实行专制独裁统治。拿破仑三世位于帝国权力金字塔的顶峰，集行政、立法、司法大权于一身，一切机构、一切官员不过是执行他旨意的工具。皇帝虽然每周两次召集大臣们议事，但大臣只能按皇帝所定的议程提出报告而无权作任何决定，皇帝也从不在会上表态。一切决定都由皇帝背着大臣私下作出，大臣们从"政府通报"中才能了解其内容。大臣们的作用局限于为皇帝提供信息并执行决定。

第二帝国政权的又一特点是依靠军队实行暴力专政。拿破仑三世深知武装力量的重要性，上台后把由他统率军队写进宪法。他效法拿破仑一世，建立了一支近卫骑兵军，作为他的私人卫队。同时大力扩充军队、警察与宪兵，使他们如密网一般缠住法兰西全身。他把参议院中四分之一的名额分给军人担任，并指使宪兵密切监视民众，密报各级官吏是否忠于他。

为了防止人民革命，拿破仑三世解散了几乎所有的工人组织；取消了出版自由，禁止报刊上刊登批评政府的文章；大学取消历史和哲学课程，教授由政府直接任命；警察机构控制社会各领域，特务密探遍布全国。

对于波拿巴的独裁统治，当时法国著名作家雨果曾撰文揭露和批评。

拿破仑三世在位期间，试图打破1815年拿破仑兵败时维也纳会议确立的欧洲体制，恢复拿破仑兵败后法国失去的大国地位。

为此，拿破仑三世连年征战，发动了一系列扩张和侵略战争。他刚登上皇帝宝座时曾欺骗说："帝国即和平。"事实上，第二帝国的历史是一部充满战争的历史。

1854～1860 年，法国联合英国发动了对中国的第二次鸦片战争，逼迫清政府签订了丧权辱国的《天津条约》和《北京条约》。英法联军攻占北京时，洗劫了紫禁城，焚烧了清王朝经营 150 多年、充满中国劳动人民智慧结晶的圆明园。对此，当时被第二帝国放逐的雨果斥责说："将受历史制裁的强盗一个是法国，另一个是英国。"

1856 年，为了争夺黑海、地中海和近东地区的控制权，法国联合英国挑起克里米亚战争，打垮欧洲宪兵俄国，逼得沙皇尼古拉一世服毒自杀。

1856 年，法国入侵印度支那，占领西贡；1862 年，法国迫使越南割让南部三省和昆仑岛。

1857 年，法国征服阿尔及利亚，并残酷地镇压了当地的人民起义。

1859 年，法国发动对奥地利的战争，吞并了原属撒丁王国的萨伏依和尼斯两地。

1862～1867 年，法国发动了远征墨西哥的战争，最后遭到惨败。

1863 年，法国强迫柬埔寨签订接受法国保护的条约。

通过对外扩张和侵略，到巴黎公社成立的前一年，即 1870 年，法国已拥有 600 多万人口、90 万平方公里土地的殖民地，成为当时仅次于英国的世界第二大殖民帝国。

拿破仑三世的内外政策使金融贵族和大资产阶级

大发横财，同时也为法国资本主义经济的发展提供了有利条件。到巴黎公社成立前夕，法国已经基本上完成了工业革命。

在第二帝国期间，法国开始进入"蒸汽时代"和"铁路时代"。

从 1852 年到 1870 年，法国蒸汽机数量从 6080 台增加到 27038 台，蒸汽机动力从 76000 马力增加到 336000 马力，增加了 4 倍多；铁路长度从 3685 公里增加到 17924 公里，增加了 5 倍。此外，钢产量增加近 7 倍，银行业务增加 4 倍，对外贸易增加 3 倍，工业产值增加 2 倍。这样，法国当时已成为仅次于英国的第二工业强国。

从 1848 年欧洲无产阶级革命失败到 1871 年巴黎公社出现，中间相隔 20 多年。在这段历史时期内，欧洲和世界其他地区发生了翻天覆地的变化。

拿破仑三世对外穷兵黩武，肆意扩张；对内加强剥削，骄奢淫逸。结果，把工业革命换来的繁荣肆意挥霍，国家渐渐走下坡路了。

马克思指出："事实上，帝国是在资产阶级已经失去治国能力，而工人阶级又尚未获得这种能力时唯一可能的统治形式。"

当时，资产阶级在法国的政治作用是削弱了，但它仍有广泛的机会剥削工人和农民，从而大发其财。

19 世纪 50 年代至 60 年代，法国资本主义的发展催生了无数大工厂，使法国工人阶级不断壮大。

60 年代末，巴黎公社成立前，巴黎已有近 5 万名工厂工人，占全巴黎无产者的 10％；有 8 万多农民出身的建筑工人，占全巴黎无产者的 19％。此外，还有铁路工人近万名。

在巴黎的工业企业中，一个工作日通常不超过 10 小时。但事实上，一个工作日要长得多。

当时，法国普遍采用劳动计件工资。企业主往往用压低计件单价的办法，迫使工人从事大大超过 10 小时的劳动，以保持原来的工资收入。

巴黎的马车制造工人每天劳动 12 至 13 小时，白铁工人每天劳动 14 至 16 小时，从事角制品生产的工人每天劳动 15 小时，就连童工和半成年工每天也要劳动 15 至 17 小时。外省的劳动条件比巴黎恶劣，一个工作日总是在 13 至 17 小时之间。

19 世纪 50 年代至 60 年代，大多数工人的工资的确提高了，但食品和其他日用必需品的价格也大大地提高了，特别是房租的提高更是惊人。这样，工人的实际工资并未提高，而是下降了。

企业主通常利用许多隐蔽的形式来降低工人工资，如规定各种各样的罚款，名目繁杂，高达 29 种之多；企业主还强行用商品支付劳动报酬的全部或大部，而由于商品加价而增加的收入就落进了企业主的腰包。同时，工厂还从工人的工资中扣除退休金，而退休金又往往归管理当局支配使用。

1864 年，巴黎大多数男工平均每天收入 3 法郎工资；女工除少数外，一年收入 240 法郎至 360 法郎。而一个四口之家的工人家庭，仅用于伙食、住房、取暖和照明方面的年支出在 1870 年就高达 1385 法郎至 1700 法郎。这样，在法国各地乞丐增多了，冻馁而死的人屡见不鲜。

19 世纪 50 年代至 60 年代法国经济的发展，加剧了小资产阶级的破产。

第二帝国依靠国库资金，通过经济政策人为地加速工商业的集中化过程，小资产阶级同大资产阶级竞争变得越来越困难了。

在拿破仑三世统治时期，大部分劳动农民开始破产并失去了土地。

有产阶级如金融寡头、大工商资产者、大土地占有者和富农越来越富有，工人和农民越来越贫困。这样，在巴黎公社出现之前，法国的阶级矛盾更加深刻，更加激烈了。

（二）影响法国工人运动的种种学说

当时，有好多知识分子同情劳苦大众，想要拯救他们。但他们的思想主张不同，用马克思的话说是"乱得很，都是难以实现的"。

巴黎公社成立前，蒲鲁东、巴枯宁、布朗基等人的思想和主张在工人中都有市场。

蒲鲁东是法国政论家，经济学家，小资产阶级思想家，无政府主义创始人之一。

1846 年，蒲鲁东发表了《贫困的哲学》，企图以政治经济学来论证自己的改良主义思想，反对工人阶级进行革命斗争。

1848 年欧洲无产阶级革命发生后，蒲鲁东开始从事实际的社会改革活动，曾任《人民代表报》和《人民之声报》主编，被选为国民制宪议会议员。

蒲鲁东被称为无政府主义之父，他首先使用"安那其"（Anarchy）一词表述社会的无政府状态。他否认一切国家和权威，认为它们维护剥削，扼杀自由。他反对政党，反对工人阶级从事政治斗争，认为当前主要的任务是进行社会改革。他将无政府主义与改良主义合为一体，提出一个所谓"互助主义"的"救世良方"。他主张生产者要根据自愿原则，通过订立契约进行互助合作，彼此等价交换各自的产品。他的这种空想的互助主义方案建立在小生产者的小私有制基础之上，其目的是形成生产者之间永恒的公平，防止他们遭受破产的厄运，使小私有制永世长存。

蒲鲁东的学说和政治活动对巴黎公社前后的法国工人运动颇有影响。

巴枯宁也是无政府主义者，出生于俄国贵族地主家庭。1849 年，他曾参加德意志革命，后被捕引渡回国。在流放西伯利亚期间，他背叛革命，宣誓向沙皇效忠。1861 年，他逃往英国，于 1864 年加入第一国际。在此期间，他玩弄各种阴谋，企图分裂第一国际，篡夺国际领导权。他的阴谋伎俩一再被马克思戳穿。

巴枯宁认为自由是个人的绝对权利，是道德的唯一基础，无自由即无幸福。国家根据其性质，必然对外侵略，对内庇护特权阶级，成为剥削人民劳动的独裁工具。因此说有国家必然有统治，有统治必然有奴役，有奴役即无自由。他主张摧毁一切国家，只有国家的消灭，才有资本、剥削和奴役的消灭。他认为要摧毁国家必须不断暴动，由意志坚强的个人领导的密谋团体组织全民暴乱是推翻资本主义的唯一途径。巴枯宁虽然认为农民是无政府主义的社会基础，但他把流氓无产者视为暴动的主要力量，认为在他们身上包含着未来社会革命的全部智慧和力量。他把未来社会描绘成绝对自由的无政府状态。他反对一切权威、社会立法，反对建立无产阶级政党，拒绝进行政治斗争，主张个人和社会的绝对"自治"。他的信条是"自由即至善"。巴枯宁的主张在欧洲广泛传播，对巴黎工人也有一定影响。

布朗基是法国早期工人运动活动家、革命家、空想社会主义者，后来担任了巴黎公社议会主席。

布朗基的社会政治思想是在实际斗争中，在空想社会主义学说影响下形成的，他的实际革命活动和关于武装夺取政权实行革命专政的思想大大优于一般空想社会主义者。但是，他强调由少数革命者通过起义推翻剥削制度，他主张的专政仍然是少数革命家的专政，而不是整个阶级即无产阶级的专政。马克思和恩格斯对布朗基的革命活动和英勇献身精神给予很高的评价，同时对布朗基主义的错误观点也给予原则性的批评。

1869 年开始，布朗基用两年时间撰写了《资本与劳动》一书，他的一些最亲近的战友深受其影响。布朗基主义者特里东在 1869 年出版的一本小册子《吉伦特党与吉伦特党人》中，曾重复过布朗基关于革命专政的思想。布朗基认为革命胜利以后应该剥夺敌人的政治权利，建立革命专政，但他的这种专政指的是巴黎对整个法国的专政，并且把这种专政看作是真正民族的代表权。特里东接过自己导师的这个思想，从而妨碍了他们对新时代社会关系的正确估计。这也是其他社会主义者，包括左翼蒲鲁东主义者一向的弱点。

法国社会主义者在思想理论上的不成熟性，使马克思和恩格斯很担忧。1869 年年底，马克思曾对恩格斯说："我为法国人担忧，他们的头脑混乱得要命。"

小资产阶级民主派新雅各宾党人对 19 世纪 60 年代末的法国思想生活也发生了明显的影响。他们对法国大革命的传统极为崇拜，尤其是对 1793 年的雅各宾共和国。新雅各宾党人反映了破产的小资产阶级的共和主义情绪，他们从资产阶级共和国中看到了自己的理想。他们作为资本主义生产方式和私有制的拥护者，反对的只是大资产阶级，认为小资产阶级是必须加以保护的，因为它参加生产，从事足够的劳动。他们有些人在口头上表示很尊重社会主义，而在实际上却暴露出对社会主义概念的模糊不清。

巴黎公社成立前，法国出版了大量有关法国大革命的文献，再版了马拉、罗伯斯庇尔、丹东、微尼奥的著作。这些著作全都销售一空，而且还有很大的需求量。

法国大革命指 1789 年在法国爆发的资产阶级革命，与英国资产阶级革命构成资产阶级革命的姊妹篇。从此，统治法国多个世纪的君主制在三年内土崩瓦解，结束了法国一千多年的封建专制制度，传播了资产阶级自由、民主、平等的思想，有力地促进了资本主义的发展。旧的观念逐渐被全新的天赋人权、三权分立等的民主思想所取代。法国大革命震撼了整个欧洲的封建制度。

（三）《共产党宣言》给法国工人运动带来了新局面

1848 年 2 月 24 日，《共产党宣言》在伦敦公开正式出版，用英文、法文、德文、意大利文、荷兰文和丹麦文公布于世。

《共产党宣言》的诞生标志着马克思主义的诞生，对全世界的无产阶级革命运动起了巨大的推动作用，开辟了国际工人运动和社会主义运动的新局面，成为世界无产阶级的锐利思想武器。

《共产党宣言》是马克思主义哲学的运用和发展，是马克思主义世界观与工人运动相结合的产物，是国际共产主义运动的政治纲领。

《共产党宣言》是马克思主义奠基之作，也是马克思主义最重要、影响最深远的经典著作，具有划时代的历史意义。它是马克思和恩格斯合作的辉煌成果，也是他们智慧的最高结晶。

从此，国际共产主义运动有了科学的理论指导，在全世界蓬蓬勃勃地发展起来。

《共产党宣言》一出版，就被法国革命者介绍到法国，在工人中传播开来。

有压迫就有反抗，在拿破仑三世的统治下，工人罢工此起彼伏。

1870年1月，在克勒佐发生了工人罢工。此后，法国无产阶级的罢工运动一直持续不断，在巴黎、马赛、里昂和许多其他工业中心都爆发了罢工。

第二次克勒佐工人罢工开始于同年3月21日，持续达23天。帝国调来了军队，逮捕罢工者，对24个被捕者进行审讯，分别判处两个月到三年的徒刑，近100名工人被解雇，近30名士兵因为同情罢工遭到严惩。

4月8日，福尔沙姆博冶金企业有2000名工人为要求提高工资而开始罢工。为镇压这次罢工，步兵和骑兵调到了福尔沙姆博。不久，托尔特罗冶金企业的工人和附近矿工也加入了他们的罢工行列。尽管军队大量介入，工人仍继续罢工。

国际工人协会巴黎分会向工人发出号召，要大家每周从工资中扣除1%用以支援克勒佐和福尔沙姆博被捕工人的家属，许多巴黎支部都响应了这一号召。

罢工委员会在罢工结束时发表了《致民主界宣言》，在宣言中对所有发扬团结精神支援罢工的人们表示深深的感谢。宣言指出："我们的事业激起了普遍的同情，我们为此感到自豪；一旦情况需要，我们也要发挥同工友们的兄弟团结精神。现在，我们大声宣告：我们要加入伟大的国际工人协会……它是建立在平等基础上的未来的希望。"

巴黎铸工罢工开始于4月16日，持续了将近4个月。给铸工提供物质援助的不仅有法国的冶金工人，还有英国、比利时和德国的冶金工人。不久，罢工浪潮遍布全国。

农业工人也参加了1870年的罢工运动，仅在里昂郊区就有近7000人举行过罢工。

这一时期发生于各地的罢工，结束后都建立了国际工人协会支部。

工人在罢工中尝到了国际工人协会给他们带来的甜头，因此纷纷要求参加国际工人协会。

由于巴黎和各地社会主义者的努力，在法国许多地方都成立了新的国际支部。

这时，国际工人协会的性质在法国已经发生了质的变化，已经从 1864 年初建时的一个小工业工人中的少数人组织，发展成在一些城市遍及所有工业部门的群众性的工人组织。

革命运动日趋发展的形势，提出了一个越来越迫切的要求，这就是必须把巴黎各支部联合成为一个统一的联合会。

建立这样一个联合会，遭到了以托伦为首的右翼蒲鲁东主义者的极力阻挠。集体主义者不得不同他们进行顽强的斗争，最后，这一斗争取得了胜利。

1870 年 3 月 18 日，巴黎工人联合会成立了。在代表各工人区的国际各支部代表会议上，通过了联合会章程草案。

根据章程草案，每 50 名国际会员产生 1 名支部代表，由支部代表组成的联合会委员会作为联合会的管理机构。每个支部均有权根据自己的决定派出和罢免自己的代表。联合会每年应对自己的执行局成员审核两次，分别于 4 月和 10 月进行。

章程草案在大会上通过后，保尔·拉法格于 1870 年 4 月 20 日把这个消息告诉了马克思，他说："这次会议的最成功之处就在于，所有会员都体会到需要集中，工人阶级清楚而明确地理解到了自己的阶级特性和同资产阶级的不可调和的矛盾。您这个阶级斗争的骑士，如果亲临现场，那该是多么幸福啊!"

4月下半月，法国共建立了4个国际工人联合会。

1870年4月18日，马克思次女劳拉·拉法格在从巴黎写给马克思的信中说："国际在这里创造了奇迹。工人们显然对国际工人协会无限信任，支部天天在建立。"

有关法国国际分会的卓越成就，保尔·拉法格也于同时都告诉了马克思。

保尔·拉法格，法国人，1842年生于古巴的圣地亚哥，9岁时回到法国波尔多。

保尔·拉法格生活的年代正是拿破仑三世在法国实行军事专制统治的时期，残暴的警察统治引起了保尔·拉法格的强烈不满和反抗。他在巴黎大学医学院求学时，积极参加反对拿破仑三世第二帝国的斗争，很快成为学生运动的带头人。他和进步青年共同组织了秘密革命团体"未来社"，经常著文抨击拿破仑三世的残暴统治，主张共和，反对帝制。

1864年年底，巴黎建立了国际工人协会巴黎分会，保尔·拉法格参加了这个支部，并成为最活跃的一员。后来，保尔·拉法格由于公开号召法国青年推翻独裁统治，被学校开除学籍，不得不到英国首都伦敦继续完成学业。

在伦敦的几年是保尔·拉法格思想转变的关键时期，他一边进大学继续学医，一边积极参加革命活动，并与马克思交往，听取马克思的教诲，学习科学社会主义理论。不久，保尔·拉法格成了马克思主义者。

1868 年，拉法格与马克思的次女劳拉在伦敦举行了婚礼。对马克思来说，拉法格不仅是他的女婿，而且也是一位有才华的得力助手，是自己精神遗产的忠实卫士。

劳拉·拉法格生于 1845 年 9 月 26 日，是法国和国际工人运动的著名活动家，曾是马克思的秘书，是马克思的得力助手。她的秘书生涯是从她学校毕业后开始的，同她姐姐一样，她协助妈妈分担了为父亲做秘书的一部分工作。她要陪父亲去大英博物馆图书阅览室查阅资料，帮助摘录和整理资料，按父亲的吩咐草拟信件。马克思极赞赏劳拉的写作才能，并夸她是一个出色的翻译工作者。

马克思非常满意女儿的工作，他甚至嫉妒未来的女婿拉法格，将会夺走他可爱的私人秘书。后来，劳拉和拉法格结婚后迁居巴黎，将大部分马克思和恩格斯的著作介绍给了法国读者，为法国革命作出了巨大的贡献。

1870 年，拉法格偕劳拉返回巴黎后，把精力都集中在国际巴黎各支部的活动中。同年 4 月，巴黎各支部召开联合大会，成立了巴黎工人联合会，拉法格当选为联合会委员。

此后，拉法格又回到故乡波尔多，在工人中积极开展活动，改组了国际波尔多支部，使这个支部发展成为设有许多机构的巨大组织，拥有几百名会员。

波尔多是法国西南的一个港口城市，是法国第四大城市，位列巴黎、里昂、马赛之后。

劳拉和拉法格并肩战斗，在为巴黎公社做组织准备方面立下了不朽的功劳。

国际工人联合会也译作国际工人协会，是1864年建立的国际工人联合组织。马克思是它的创始人之一，也是实际上的领袖。由于会名太长，人们取它的第一个单词，称之为"国际"。第二国际成立后，始称它为"第一国际"。

19世纪50年代末60年代初，欧洲工人运动高涨，反压迫、反剥削的斗争实践使欧洲各国无产阶级认识到他们有着共同的利益和敌人，无产阶级必须在国际范围内联合起来，用无产阶级的国际大团结去对抗资产阶级的国际大联合。这种意识促进了国际工人协会的产生。

1864年9月28日，英国工联在伦敦圣马丁教堂召开群众大会，出席大会的有法国、德国、意大利、波兰、爱尔兰的工人代表，以及一些资产阶级民主人士。大会根据英法工人代表的提议，决定建立一个国际性的工人协会，并选出一个由21个成员组成的临时委员会，国际工人协会宣告成立。

1864 年 10 月 5 日，国际举行临时委员会第一次会议，选举代表各国的委员，连同原已选出的委员，共 50 人；会议还选出一个由 9 人组成的起草章程的专门委员会，也称小委员会。

马克思出席了国际成立大会，并被选入临时委员会和小委员会。马克思为协会起草了《国际工人协会成立宣言》和《协会临时章程》，并于 1864 年 11 月 1 日中央委员会会议上获得通过。

《国际工人协会成立宣言》和《协会临时章程》体现马克思主义的工人阶级统一战线思想，阐明无产阶级运动的目的是推翻资本主义，建立工人阶级政权；宣布工人运动的基本原则是工人阶级的解放应该由工人阶级自己去争取；规定在追求共同目标即追求工人阶级的保护、发展和彻底解放的前提和条件下，允许一切工人团体参加。协会的组织原则是民主集中制。

马克思在国际内的正式职务是总委员会委员，实际上领导着协会总委员会的全部工作，是国际的真正领袖，是每届总委员会的"灵魂"。总委员会所发表的一切文件几乎都出自马克思的手笔；恩格斯则于 1870 年 10 月 4 日被选为总委员会委员。

马克思和恩格斯主持的国际工人协会领导了各国工人的经济斗争和政治斗争，并同形形色色的反马克思主义流派进行了激烈的斗争，巩固了各国工人之间的国际团结。

国际工人协会的目的是联合全世界的无产阶级为反对压迫者而斗争。协会成立后，总委员会把对敌斗争放在首要地位。协会支持各国工人的罢工斗争，声援被压迫民族的解放运动，突出地表明国际的无产阶级性质和国际主义本质。

在对外部敌人进行斗争的同时，协会总委员会在内部对各种非无产阶级社会主义流派进行斗争，主要是反对蒲鲁东主义和巴枯宁主义。

第一国际是无产阶级解放斗争史上的重要里程碑。马克思和恩格斯通过国际把科学社会主义思想传播到各国工人中去，促进了科学社会主义同各国工人运动相结合的历史进程，使各国工人逐渐摆脱各种错误思想的影响，为马克思主义在国际工人运动中取得主导地位作好了准备。

第一国际是马克思和恩格斯为在各国建立无产阶级政党所作的重要准备阶段。

国际工人协会加强了各国工人之间的团结，宣传了科学社会主义，培养了一大批干部，为国际工人运动作出了巨大贡献，也催生了巴黎公社。

（四）第二帝国走到了尽头

在巴黎公社诞生之前，第二帝国的经济虽然发展迅速，但法国的经济结构却存在一些弱点。

当时法国的农业在国民经济中占有很大比重，1866 年，法国全国仍有百分之七十的人住在农村。

在整个工业经济中，重工业的比重大大低于轻工业，每年仅服装和奢侈品的产值就超过重工业产值的 1.5 倍。

在工业企业中，手工工场和作坊仍占优势，十人以下的企业占企业总数的百分之七十五。

这种经济结构制约了第二帝国的经济，使其不能持久地高速发展。

第二帝国存在着普遍贪污舞弊现象，再加上连年征战，军费开支庞大，这一切使第二帝国发生了财政危机。

1857 年世界经济危机爆发时，法国的经济遭到了严重打击，第二帝国的统治危机开始显露出来。

这时，马克思虽远在伦敦，却凭着他那渊博的学识和洞若观火的观察力，知道第二帝国不会持久了。他预言道："农业的这种困苦状况，加上商业的萧条、工业的停滞以及仍然在威胁着的财政灾难……随着经济繁荣的消失以及通常相随而来的对政治的漠不关心的消失，第二帝国存在的任何借口也将消失。"

1857 年的世界经济危机使得法国的主要工业部门生产锐减，企业倒闭，工人失业，中产阶级陷于穷困破产；粮价暴跌，农民怨声载道。

19 世纪 60 年代以后，第二帝国对内专制统治、对外侵略扩张的反动政策日益引起了人民的强烈反对。

当初，法国农民曾支持拿破仑三世当选总统和称帝，幻想他会像他伯父一样给穷苦的农民带来利益。相反，由于资本主义的发展，农民的土地被兼并，大批农民被迫破产。这使农民对第二帝国失去了希望，拿破仑三世这个"农民皇帝"的形象在农民心目中失去了光彩。

城市小资产阶级由于经济危机、苛捐杂税而负债累累，纷纷破产，对拿破仑三世的统治也产生了不满情绪。

1860 年 1 月 23 日，法国与英国签订了新的商约。法国答应 1861 年 10 月 1 日以后，将取消对英国商品的某些禁令，并在 5 年内逐步降低关税。由于 1860 年英法商约的签订对法国工商业者利益的损害，也引起了法国工商资产阶级的不满。

资产阶级共和派的报刊不断抨击帝国政府的政策，终于在议会内形成了反对派集团。在 1869 年 5 月立法团选举中，资产阶级共和派共获得 350 万张选票，共和派的著名活动家几乎全部当选，而许多帝国政府的候选人却落了选。

金融寡头也表现出了不满情绪，他们抱怨有价证券急剧跌价，抱怨铁路和其他公司股票贬值。破产户头日益增加，法兰西银行业务缩减，法国最大的信贷机构"动产信用公司"也破产了。

这些情况表明第二帝国的统治已经走到了尽头。

1868年上半年，第二帝国对国际工人协会巴黎分会策划了两次审讯案。

第一次审讯案开始于1867年12月，结束于1868年3月。国际巴黎分会被第二帝国作为非法的秘密组织勒令解散，并且对它的成员处以罚金。

第一次审讯案作出判决以后，过了10天，拿破仑三世便满足工团（工会联合会）提出的关于合法地位的申请。这个申请是由巴黎工人中的极端温和分子提出来的，他们抱着"寻求和平方法"改善劳动人民状况的目的，经常在帝国当局的庇护下举行集会。当局的这一措施是为了分裂工人运动。

但是，还在对国际第一次审讯案作出判决之前，即1868年3月8日，国际巴黎第二分会便选举产生了。同敌视工人阶级政治斗争的右翼蒲鲁东主义者占优势的第一分会不同，新产生的这个分会主要是由社会主义集体主义者组成的，这些人是左翼蒲鲁东主义者。他们是生产资料集体所有制的拥护者，承认工人阶级必须进行政治斗争，谴责右翼蒲鲁东主义者在妇女的社会作用和受教育权利上的保守主义观点。

领导国际巴黎第二分会的是法国工人运动的杰出活动家、28岁的装订工人瓦尔兰。在劳拉和拉法格的帮助下，他已经接受了马克思主义。

第二分会为工人阶级利益进行坚决的斗争，从而引起了帝国政府的警觉。5月22日，巴黎分会成员被指控从事非法破坏活动，受到了法院审讯。

在第二次审讯中，瓦尔兰发表了一个著名的演说。他说明资本主义社会制度是一个为不平等所腐蚀，因其内部缺乏一致而受到侵害、受到像铁钳般的反社会偏见所钳制的社会制度。他鲜明地描绘了社会财富生产者的艰苦生活，并且拿它同那种骄奢淫逸、安闲尊荣的生活作了对比。他说有些人过这种骄奢淫逸、安闲尊荣的生活，什么也不生产，却享受他们同胞的99％的劳动成果。瓦尔兰指出资本主义社会是以阶级对抗为基础的。接着，他阐明了国际的基本原则，说明了它的有关活动和最终目标。他特别强调新兴无产阶级的杰出作用，指出这个阶级的历史使命就是消灭一切形式的剥削和阶级对抗。

按照帝国法院判决，巴黎第二分会又被宣布解散，其成员除罚款外，还被判处三个月的徒刑。

国际巴黎分会已经把展开正常活动的巴黎各支部的数百名成员联合起来，如今却被解散了。

但是，第二帝国政府对国际法国分会的迫害只能助长它的声望，只能扩大它在法国工人运动中的影响。瓦尔兰说："我们被判罪以后，许多先前不关注国际的工人靠近了我们，并且询问能不能加入这个组织。巴黎协会将继续存在下去，这是一个非常普遍的想法。无论在工人群众中，还是在惴惴不安的资产阶级中，这个想法都是存在的。"

巴黎工人是在许多公众集会上进行思想政治斗争

的。从 1868 年上半年起，在巴黎各区都举行过公众集会。这种集会在 1868～1870 年法国的社会生活中曾起过巨大的作用。

从 1868 年 7 月到 1869 年 3 月，仅 8 个月中，巴黎就举行了 300 至 400 次公众集会，会上发表演讲的计有 2000 至 3000 人次。

起初，这些集会是在资产阶级经济学家和政治学家的积极参与下开始的。他们为了从社会主义者手中夺回地盘，使听众屈从于他们的思维方式作了很大努力。

右翼蒲鲁东主义者也很活跃，他们在一系列问题上同资产阶级演说家沆瀣一气。

社会主义集体主义者一加入集会争论，讨论就完全变成了另一种性质。

集体主义者越来越吸引公众集会上的工人听众。后来，两种公众集会渐渐泾渭分明了：在资产阶级思想家活动的巴黎中心区，集会在政治上是自由主义的，在社会问题上是改良主义的；在工人区，集会则变得越来越带有革命的社会主义性质。在这些集会上，争论十分热烈，争论的都是一些令工人激动的各种各样的问题：关于垄断制问题、雇佣劳动和贫困问题，关于失业问题、工团问题，关于教育问题、迷信和无神论问题，关于特权和继承法问题，关于共产主义和互助论问题，关于人同自然斗争的问题、现代社会中个人的权利与义务问题，等等。演说家们号召工人要自己管理自己的事情，因为迄今为止几乎所有代表他们的人都欺骗了他们；演说家们向工人追溯了1848年6月和1851年12月发生的事件，并且提醒他们：“社会哲学是以无神论和否定私有制为基础的，一句话，是建立在最广义的共产主义之上的。”

瓦尔兰在1869年2月间曾说：“社会运动在我们工人中正一天天扩大起来，并向纵深发展。讨论经济问题的公众集会与日俱增，出席的人数也一天比一天增加……演说人只好分成几摊，为所有集会讲话，会上辩论的问题虽然极为复杂，但却很有趣味。”

19世纪60年代末期公众集会的著名演说家中，有不少是未来的巴黎公社委员，如瓦尔兰、阿姆鲁、弗路朗斯、里果、费烈、兰维埃、龙格、埃德、杜瓦尔、布里翁、让·巴符斯特·克雷芒。此外，还有一些社会主义运动的积极活动家，如鲁塞尔、加亚尔、莫罗、米里哀尔、安得烈等。这些都是社会主义集体主义者，其中许多人都自称是共产党人。他们当中有些人属于左翼蒲鲁东主义团体，有些人属于布朗基主义团体，还有些人则哪个团体也没参加。这些人当中有许多都是国际会员。

在著名的布朗基主义者中间，除未来的巴黎公社委员里果、费烈、埃德、杜瓦尔、兰维埃以外，公众集会的演说家还有康通、肖继埃尔、格朗热、卡斯、马尔尚、莫罗、恩伯尔、雅克拉尔。

此外，在这里发表演说的，还有一些有名的右翼蒲鲁东主义者，如弗里布尔、托伦、谢马莱、艾利贡、朗格鲁瓦等。他们竭力维持过去对巴黎工人的影响，但却白费心机，因为巴黎工人越来越多地加入了真正的社会主义运动。

奥尔良党人莫利纳里在 1869 年 6 月说："对群众中占统治地位的那些观点和倾向，我们不能再抱幻想了。在 10 个不只是关心糊口的工人当中，就有 9 个是社会主义者，或者正在成为社会主义者。"他强调说正像公众集会所表明的那样，社会主义不仅未被消灭，而是恰恰相反，它从未停止在群众中散布理论，它拥有司令部和军队，在一定情况下能引起可怕的地震。

公众集会取得的成就越大，资产阶级代表人物对它的攻击就越猛烈。在立法团会议和报刊上，这些人对工人阶级和革命知识界的优秀人物进行了诽谤，把这些优秀人物描写成了鼓吹残杀和抢劫的匪徒，起码把他们描绘成了被收买的可疑分子。左翼党团议员、资产阶级共和党人在这片诽谤声中也没有落在后面。

在 1869 年头几月中，第二帝国政府对公众集会的近 60 名演说家提出了法律起诉，对他们分别判处为期 15 天至 8 个月的徒刑和 50 至 2000 法郎的罚金。他们被判刑的罪名是"公开诋毁社会道德和淳厚风尚，攻击家庭权利和所有权原则，教唆一些公民仇恨和蔑视另一些公民，煽动人们仇恨和藐视帝国政府"。

第二帝国这样做，并没有达到预期目的，只能使法国的政治局势更加动荡，矛盾更加尖锐化了。

1870年年初，巴黎发生了20万人反政府的示威游行。当时，资产阶级激进共和派人士昂利·罗什福尔在他主编的《马赛曲报》上报道了拿破仑三世的堂兄弟皮埃尔·波拿巴亲王侮辱科西嘉共和派的事情。为此，皮埃尔亲王提出要同罗什福尔决斗。但是，皮埃尔亲王却无端枪杀了以决斗证人身份去他家联系的《马赛曲报》记者维克多·努瓦尔。这一事件立即引起了巴黎各界对拿破仑三世专横统治的共愤。罗什福尔在报上愤怒谴责说："法国受这些强盗摆布已经18年了。法国人民难道没有看到，现在是结束这一切的时候了？"

1月12日，巴黎20万人参加了努瓦尔的葬礼，其中有两千名全副武装的布朗基主义者，布朗基本人也亲临现场了。

送葬变成了声势浩大的反政府示威游行，群众高呼"共和国万岁"、"绞死波拿巴"等口号。波拿巴指拿破仑三世。

这一天，整个巴黎沉浸在沸腾之中。正如瓦尔兰所说的："人民激动了，革命快要来到了。"

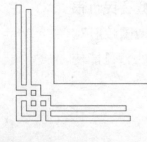

二、无产阶级革命果实
落入资产阶级手中

（一）色当惨败

1870 年夏天，拿破仑三世为了苟延其招摇欲坠的反动统治，妄图以对外战争的胜利来转移国内人民对他的不满，消除国内的革命危机。同时，也是为了阻止德国的统一，掠夺莱茵河左岸的德国领土，保持法国在欧洲大陆上的优势。抱着这两个目的，1870 年 7 月 19 日，拿破仑三世发动了对普鲁士的战争。

自从中世纪中期法兰西成为统一的封建王朝以来，巴黎一直是法国的都城。到 19 世纪 70 年代巴黎公社建立前，巴黎已有 180 万人口，是欧洲大陆最繁华的城市。

1870年7月的一天傍晚,雄伟壮丽的波旁宫前的广场上,停着几十辆装饰豪华的马车。

金碧辉煌的议政厅里,坐满了挂着金丝肩章和各式勋章的帝国权贵——将军、元帅、内阁成员。

拿破仑三世环视了一下全场,宣布说:"诸位,现在普鲁士的俾斯麦首相正在不断扩大势力范围,企图统一德意志。我们决不允许在法兰西帝国的身边出现一个强盛统一的德意志帝国,欧洲大陆的领导权必须掌握在我们手里。我决定下令对普鲁士宣战,只有战争才能彻底解决帝国内外的所有问题。我主意已定,想听听诸位的意见。"

德意志是法兰克帝国分出的一个国家。法兰克帝国分裂为法兰西、意大利、德意志三个国家,其中意大利和德意志都长期处于分裂状态。德意志由许多各自独立的公国和城邦组成,它们各自有自己的国王和领地,相对独立,在形式上共同组成德意志邦联,并且选举一个共同的皇帝。但这只是形式上的,皇帝对各割据势力没有实际的约束力。随着德意志国家经济和政治的发展,要求统一的呼声越来越高。

这时,普鲁士成为德意志中最有实力的国家之一,最有可能统一德国。经过多次外交努力和战争,在击败了德意志中另一强国奥地利和欧洲大陆霸主法国后,德国最终由普鲁士实现了统一,而奥地利则分离出去,成为一个独立的国家。这些都是后话了。

拿破仑三世说完后,立法院议长站起来说:"陛下的英明决断是帝国繁荣昌盛的唯一途径，我完全拥护。"

接着，陆军部长慷慨激昂地说，"请允许我代表40万陆军向陛下报告：忠于陛下的军队已经整装待发，一定马到成功，打败普鲁士！"

这时，巴黎总督特罗胥赶紧站起来说："陛下，近来我们帝国的局势十分不稳，工人罢工，农民抗税，巴黎到处有人游行集会，不逞之徒经常聚众闹事。如果大军开拔，我担心后院起火啊。"

拿破仑三世问道："我们的警察、宪兵都干什么去了？"

特罗胥回答说："陛下，我们已经采取了一切严厉措施，可是国际的那些暴徒总在巴黎鼓动工人搞什么社会主义，煽动他们罢工闹事，公然谴责王朝。麻烦的是巴黎监狱已经人满为患了。"

拿破仑三世说："这好办，可以把他们统统送到前线去挖战壕，让普鲁士的大炮来消灭他们！只有战争，才能帮助帝国彻底消灭这些暴徒，让他们统统见鬼去吧！"

特罗胥连连恭维说："陛下英明！陛下英明！"

7月19日，拿破仑三世下令对普鲁士宣战，普法战争爆发了。

国际工人协会巴黎分会立即作出反应，发表宣言呼吁世界各国工人反对这场战争。国际工人协会普鲁士柏林分会很快发表宣言，响应这一号召。巴黎分会回应说："我们谨记国际工人协会的'全世界无产者，联合起来'的口号，永远也不会忘记世界各国工人都是我们的朋友，而世界各国的专制君主都是我们的敌人。"

战争一开始就暴露出法国军队的腐朽性，法军并非像陆军部长吹嘘的那样。40万军队中能立即开赴前线的不过20万，就是这20万，军队编制也极其混乱，军官找不到部队，部队找不到军官，有的将军还在非洲休假。负责指挥作战的将军只想侵入普鲁士，因此仅配有敌方的地图，连法国本土的地图都未带。

直到拿破仑三世宣战后的第八天，将军们才勉强把8个军25万军队配置在法国边境上。

开战后的第十天，拿破仑三世亲自到法国东北的麦茨要塞，自封为前线总指挥。

就在普法战争爆发后的第四天，马克思为国际工人协会起草发表了《国际工人协会总委员会关于普法战争的第一篇宣言》。马克思庄严宣告："不管路易·波拿巴同普鲁士的战争的结局如何，第二帝国的丧钟已经在巴黎敲响了。"

路易·波拿巴指拿破仑三世，他的全称是路易·拿破仑·波拿巴。

这篇宣言极大地鼓舞了法国工人和其他国家工人为无产阶级国际主义而斗争。在宣言的号召下，巴黎工人广泛开展了各种反对王朝战争的斗争，革命浪潮风起云涌，帝国的后院真的起火了。不久，战争的结局完全证实了马克思的科学预见和惊人的判断力。

8 月 2 日，法军冲进德国境内。这时，普鲁士的40 万大军早已严阵以待。原来，俾斯麦早就想侵吞法国产量丰富的矿区阿尔萨斯省和洛林省了。他要在欧洲大陆争得霸主的地位，因此他一直在扩军备战，拿破仑三世向普鲁士宣战正中他的下怀。

俾斯麦是普鲁士宰相兼外交大臣，被称为"铁血首相"。俾斯麦是德国近代史上一位举足轻重的人物，1862 年上任时提出"铁血政策"，并于 1866 年击败奥地利，为统一德国奠定了基础。他结束了德国的分裂，基本上完成了德意志的统一。

接着，俾斯麦处心积虑地想要挑起普法战争，击败法国，宣布成立德意志帝国，称霸欧洲大陆。

这些，俾斯麦最后都做到了。因而他被称为"德国的建筑师"、"德国的领航员"。

再说，法军一闯入德境，立即受到普军迎头痛击。不几天，战争就移到法国境内进行了。

8 月中旬，法军主力被分割成两部分：由巴赞元帅率领的 20 万大军在麦茨被围，由麦克马洪元帅指挥的 12 万大军被包围在与比利时接壤的色当要塞。

辗转逃命的拿破仑三世跟着麦克马洪逃到色当后，发现这里碉堡林立，工事坚固。这里本是法国边境最重要的军事战略据点，但是，由于拿破仑三世没有拿破仑一世那样的胆识，麦克马洪元帅更是贪生怕死，只知道消极防御，不图进取。结果，城外所有制高点很快全被普军占据，拿破仑三世只好同大部队龟缩在小小的色当城内，成了普军的瓮中之鳖。

9月1日拂晓，20万普军向色当发起总攻。700门大炮发出巨大的轰鸣声，炮弹像冰雹一样落到城内。霎时间，火光冲天，有如天崩地裂，城内到处是断墙颓垣，整个要塞陷入一片浓烟和火海之中。

拿破仑三世心胆俱裂，马上提起一支鹅毛管给普王威廉一世写了一封卑躬屈膝的投降信："我亲爱的兄弟：因为我未能死在军中，所以只得把我的佩剑献给陛下，继续做陛下的好兄弟。"

写好后，在上面签了字，并用火漆封好。然后，他把信和拿破仑一世当年的佩剑一起交给一名军官，对他说："你要以最快的速度把这两样东西送到普军最高司令官那里，越快越好。"

接着，拿破仑三世对麦克马洪说："立即传令：'中央塔楼悬挂白旗，各军自接到命令起停止任何形式的抵抗！'

第二天，色当的法军向普军签署了投降书。拿破仑三世和麦克马洪以下39名将军、10万多士兵当了普军俘虏。

（二）法兰西第三共和国的成立

色当惨败和拿破仑三世投降的消息于 9 月 2 日晚上传遍了整个欧洲。

拿破仑三世投降的消息传到法国后，巴黎工人、士兵、学生顿时被激怒了。

9 月 4 日早上，愤怒的工人、士兵和学生汇成汹涌澎湃的怒潮涌向波旁宫，高呼道："打倒帝制！""共和万岁！"平时耀武扬威的宫廷禁卫军、警察、宪兵在人民革命浪潮的猛烈冲击下，一个个不知所措，连连后退。

这时，巴黎总督特罗胥正在宫内安慰皇后，并向她宣誓效忠王室。可是，当他听到宫外愤怒的呐喊声时，知道情况不妙，赶紧拖着皇后从后宫的一扇小门溜走，设法让皇后逃到英国去。摄政的皇后一走，第二帝国实际上灭亡了。

布朗基派原本准备于 9 月 4 日发起反帝国政府的群众游行，如今见群众已经行动起来，就立即投身于斗争洪流之中。布朗基派打算占领立法团，迫使资产阶级反对派议员宣布成立共和国，释放在押的有声望的小资产阶级政论家罗斯福尔等政治犯，并把群众游行发展成革命，进而建立革命政府。

　　立法团中的各个资产阶级派别也在加紧活动：共和派主张立即召开立法团会议，废黜路易·波拿巴，把政权交给立法团；以梯也尔为代表的奥尔良派主张成立一个由立法团任命的国防管理委员会；波拿巴派则主张建立以八里桥伯爵为独裁者的国防委员会。

　　各派对是否建立共和国的问题都不闻不问，他们关心的只是建立一个有利于本派别利益的政权。

　　这时，示威游行的群众挤满了巴黎的主要街道，大多数工人走出工厂涌上街头，成为游行队伍中最有生气的力量，推翻帝国建立共和国是他们的要求。

　　中午，各区的游行队伍聚集在协和广场及其附近街道。下午 1 时后，游行队伍向波旁宫进军，沿途高呼："打倒帝国！""共和国万岁！"

　　成千上万的示威群众指望正在开会的立法团能迅速宣布推翻帝制、建立共和的决议，但立法团议员的自私和无能使群众十分失望。为此，从下午两点半起，示威群众开始冲进立法团所在地波旁宫，大批群众站在宫内庭院和走廊上，不少人涌进了立法团会议厅，冲上了主席台。直到这时，立法团议员仍只答应废除帝国。

　　共和派议员甘必大劝人们保持安静，遵守秩序；法夫尔更是用内战威胁群众。

　　布朗基派成员对此置之不理，登上主席台，强烈要求议员们立即宣布推翻帝国、建立共和国。

　　与此同时，布朗基派一面派人冲进监狱，释放政治犯，一面又在市政厅筹划建立革命政府。

在这种形势下，资产阶级共和派感到若再不宣布建立共和国，他们就会被一场更激烈的革命所淹没。

由于群众运动声势浩大，惊天动地，资产阶级各派怕群众运动发展成为无产阶级革命，这才同意建立共和国。

为了使立法团从人民的包围中解脱出来，也为了打乱布朗基派在市政厅的革命活动，甘必大和法夫尔以尊重历史传统为名，劝大家说："只有市政厅才是宣布建立共和国的最合适的地方。"

甘必大振臂高呼道："公民们！让我们到市政厅去宣告共和国成立吧！"

于是，绝大多数群众跟随甘必大和法夫尔离开波旁宫，分别沿塞纳河两岸向市政厅进发。

下午4时，甘必大和法夫尔带领的两支队伍来到市政厅。

市政厅广场上挤满了人，一些布朗基派成员和新雅各宾派打算赶在资产阶级共和派之前宣布新政府成员名单，名单上开列的成员包括布朗基、弗路朗基、德勒克吕兹、皮阿、罗斯福尔、甘必大、法夫尔等人。

但是，他们为了等待罗斯福尔的到来而未及时向群众宣布这一名单。而当罗斯福尔在群众簇拥下来到市政厅时，共和派马上把他拉进他们正在拟定政府成员名单的房间，并且把他列入他们拟就的名单之中。

于是，罗斯福尔当众宣读了由共和派拟定的临时政府成员名单，从而废除了法兰西第二帝国，建立了法兰西第三共和国。

共和派拟定的临时政府成员名单中包括原帝国立法团中所有巴黎议员以及甘必大、皮卡尔和西蒙三个外省议员。允许罗斯福尔参加政府为的是利用他在民众中的声望，给临时政府涂上进步的色彩，争取民心。

这样，革命成果就落入了资产阶级共和派和奥尔良派手中，革命派试图利用罗斯福尔的声望来建立革命政府的想法落了空。

9月4日革命是法国历史上最后一次资产阶级革命，它推翻了第二帝国，宣告了法兰西第三共和国的成立。

巴黎人民，尤其是工人，是这次革命的主力军。可是，他们缺乏统一集中的领导，唯一比较有组织的布朗基派也不善于领导群众进行大规模的革命运动，而且在宣布革命政府成员名单问题上表现了明显的迟疑，再加上甘必大等资产阶级共和派在群众中尚有相当的影响，因此革命的成果再次落到资产阶级手中。

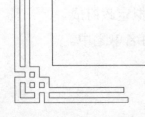

三、巴黎无产阶级
建立公社的第一次尝试

（一）卫国和卖国

这时，普法战争仍在继续，普军正迅速地向巴黎进军。共和派没有军队，又视革命群众如洪水猛兽，不敢发动、组织他们抵抗普军。于是，他们只得向巴黎总督、奥尔良派将军特罗胥乞求合作。

特罗胥趁机要挟共和派说："必须由我担任政府首脑，并确保宗教、家庭和私有制不受侵犯，否则决不参加政府。"

共和派没有枪杆子，别无选择，只得接受了他提出的所有条件。

法夫尔让出临时政府首脑的职位，特罗胥出任政府总理兼巴黎总督。

1870 年 9 月 4 日晚上，临时政府成员开会组织内阁，法夫尔担任副总理兼外交部部长，甘必大、皮卡尔、克列美和西蒙分别担任内政、财政、司法和教育部部长。费里、罗斯福尔等人虽属临时政府成员，但未担任部长职务。而原本不属临时政府成员的奥尔良派健将勒夫洛和福里松却担任了陆军部长和海军部长要职，另一名奥尔良党人凯腊特里被特罗胥任命为巴黎警察局局长。

9 月 5 日，新组建的内阁在《致巴黎国民自卫军》公告中自称"国防政府"，并声称它只有一个愿望："拯救祖国。"

其实，从国防政府的构成就可看出，它比临时政府已经倒退了一步。临时政府成员几乎是清一色的共和派，也包括小资产阶级民主派，而在国防政府中，代表大资产阶级的另一个君主主义派别——奥尔良派不仅窃据了总理职位，而且控制了军队和警察局等要害机构，共和派并不掌握实权。

拿破仑三世被普鲁士俘虏后，法国处于无政府状态，于是法国的资产阶级共和派建立了共和国，由国防政府领导法国继续抵抗普鲁士的进攻。

后来，国防政府抵挡不住普鲁士的进攻，准备与之媾和，从而引发了爱国的法国人民的不满，最终导致了巴黎公社起义。

在普鲁士的支持下，国防政府镇压了起义，稳定了国内形势，于是国防政府改组为临时政府，行使国家权力，直至民选政府产生，法国第三共和国才算正式诞生，这些都是后话了。

再说色当战役以后，德意志统一的最后障碍已经排除。但是，普鲁士国王抛弃了不对法国人民作战的诺言，继续挥师向法国腹地进军，分两路直扑巴黎。

普军进逼巴黎，巴黎人民坚决要求抗战的呼声越来越高。

在这关键时刻，马克思于 9 月 9 日为国际工人协会总委员会起草和发表了《国际工人协会总委员会关于普法战争的第二篇宣言》，指导法国工人阶级应该"镇静而且坚决地利用共和国的自由所提供的机会，去加强他们自己阶级的组织"。

在宣言的鼓舞下，巴黎无产阶级强烈要求武装起来抗击敌人。新成立的国防政府被迫宣布扩建 60 个营的国民自卫军，每营 1500 人；但不到一个月，巴黎工人却建立了 194 个营，参加人员达 30 万之多。

当时，巴黎以东和以北地区尚有许多法军据点，国防政府若能认真组织抵抗，有可能减慢普军推进速度，加强首都防御。可是，这个政府所采取的第一个步骤竟是派梯也尔游说欧洲各国朝廷，以废共和国、立国王为交换条件，乞求它们出面调解，而对首都东北方向各支法军不给任何增援，对人民自发进行的抗普斗争更是疑心重重，致使法国贻误了许多战机。

普军一面向巴黎方向长驱直入，一面又放出和谈烟幕迷惑法国。9月16日，俾斯麦代表普鲁士政府宣布，愿意与法国和谈。国防政府闻讯后更加放松了对普军的阻挡。这样，普军几乎未遇任何有组织的抵抗就于9月18日完成了对巴黎的包围。

巴黎无产阶级看到国防政府听任普军长驱直入，并派遣梯也尔出使欧洲，拜倒在各国君主面前乞求调解后，都提高了警惕。国民自卫军新营的成员大多是工人，他们自筹款项、制造武器，奋力投入保卫首都的战斗。正是因为这支以工人为主体的国民自卫军的存在，才使国防政府没敢在巴黎被围之初立即开门揖盗。

巴黎被围之初，军事上并未陷入绝境。首都拥有强大的武装：共有13万正规军、11万别动队以及新扩建的30万国民自卫军。巴黎防御设施坚固齐全，而且外省正在积极增援首都。如果政府放手与工人联盟并认真组织抵抗，守住巴黎进而击败敌人是可能的。可是在特罗胥、法夫尔、梯也尔一伙眼里，工人手中的步枪要比普鲁士的大炮可怕十倍。

国防政府在民族义务和阶级利益二者发生矛盾的时候，没有片刻的犹豫便把自己变成了卖国政府。出于大资产阶级利益的需要，特罗胥一伙所要防御的首先是巴黎的工人；他们决定要巴黎饱尝饥饿和残杀的痛苦，并且借普鲁士之手消灭巴黎的革命力量，以便铺平自己卖国求荣的道路。为此，他们一面密切注意国民自卫军工人营的活动，残酷镇压敢于以暴力反对他们投降的革命群众；一面又故意频频制造军事指挥的失误，使大批国民自卫军官兵白白送死。

与此同时，国防政府幕后的投降活动一刻也未停止。早在巴黎被围的第二天，法夫尔就亲赴普军大本营同俾斯麦开始了和谈。只因普方过于苛求，法夫尔担心接受后激起人民反抗才未敢签约。10 月底，出使欧洲各国的梯也尔刚回到巴黎，政府立即又委派他恢复同普鲁士的停战谈判。

政府成员中反对投降、力主抗战的唯有内政部部长甘必大一人。国防政府成立伊始，考虑到首都即将被围，甘必大建议把政府迁往外省，以便使政府有较多的行动自由。但他的意见未被采纳。巴黎被围以后，首都和外省联系被切断。10 月 7 日，甘必大乘气球飞离巴黎，10 月 9 日到达图尔，以内政部部长身份兼领陆军部部长之职，主持政府在外省的代表团工作。仅用一个月时间，他几乎在白手起家的情况下建立了包括步兵、炮兵、工兵在内的一支 60 万人的军队，领导除巴黎以外的整个法国顽强地抗击普鲁士军队，他组织的卢瓦尔军团一度还收复了奥尔良城。甘必大的军事努力延缓了普军向法国纵深进逼的速度，减轻了巴黎的压力。

10 月 27 日，传来了一个震惊全欧的消息：被围在麦茨的巴赞元帅也步麦克马洪元帅的后尘，带着他的 17 万官兵和 1500 门大炮向普军投降了！

紧接着，国防政府派梯也尔偷偷摸摸地到凡尔赛的普军司令部去接洽投降。

这两件事极大地激起了巴黎人民的义愤，他们开始彻底明白国防政府原来是地地道道的卖国政府！

（二）胜负之间

10 月 31 日清晨，巴黎爆发了推翻国防政府、建立巴黎公社的起义。成千上万的国民自卫军战士和工人群众像潮水般地向市政厅涌去。

巴黎市长阿拉戈刚走进办公室，就听到远处传来一片喧腾声，其中夹着"反对投降"、"打倒卖国政府"、"选举公社"等口号声。他慌忙传令警备司令，让他立即调集两营士兵警戒外围，接着又亲自到军用电报室，用市内特急电报通知特罗胥和所有政府成员马上到市政厅来。

特罗胥在一队宪兵的严密护卫下，很快来到市政厅，并亲自主持了政府成员的紧急会议。

随着一阵枪托的猛击声，会议厅的门被砸开了。无数举旗持枪的战士和工人站到了政府成员的面前。

特罗胥向阿拉戈使了个眼色，示意他上前打头阵。阿拉戈硬着头皮，站起来赔着笑脸说："公民们，大家不要激动。看，政府正在讨论选举公社的问题。现在请大家离开这里，好让我们继续商议。"

几个部长跟着帮腔："是啊，我们正在考虑大家所关心的问题，你们可以放心地走了！"

大厅里沉寂了一会儿。突然，一个战士厉声说道："公民们，别信他们说的那一套。国防政府从成立那天起就欺骗我们，他们口头上说要保卫巴黎，背地里却派人到凡尔赛去接洽投降！我们要打倒卖国政府，成立公社！"

人们纷纷喊道："对，打倒卖国政府，成立公社！"

一位工人走到窗口，向聚集在广场上的人们大声喊道："我们要自己成立公社，赞成不赞成？"

广场上的人热烈地高声喊道："赞成！""把国防政府赶出市政厅！"

阿拉戈急得团团转，瞟了特罗胥一眼，见他还是不动声色，便从桌子上拿起一张纸挥动着说："公民们，你们别干傻事了。看，这就是政府通过的选举公社的决议。"

他喊了一阵，看到无人理他，便又跑到窗口向广场上的人大声嚷叫着。

一位战士大步走向窗口，说道："市长先生，您的表演可以结束了！"

说完，战士一把抓住阿拉戈的衣领，撕碎了他手中的那张纸；两个妇女冲上去猛力扯掉了他的市长肩带。

阿拉戈脸色苍白，手足无措，朝特罗胥望去，不料老奸巨猾的特罗胥早已乘着这个机会溜出会议厅跑了。

特罗胥光着头，跌跌撞撞地在走廊里乱闯，想溜出市政厅，忽然迎面碰上了市政厅的警备司令。

警备司令上气不接下气地说："将军，您在这里！我必须如实地向您报告：现在整幢大楼已涌进了七八千人，广场上的人更是无法计算。我已经无力保卫政府了，请您给我指示！"

特罗胥听了心突突地跳，但他佯作镇定，摸了摸光秃秃的头，悄声说："上校先生，您此刻的任务是让我安全地离开这里。"

上校把眉毛拧成疙瘩，低头沉思了一下，忽然灵机一动，取下身上的斗篷，把它披在特罗胥的身上，又把身旁一名士兵的鸭舌帽取下来，戴在特罗胥的光头上，然后把他从通向外面的一个秘密地道里送了出去。

这时，会议厅里一片欢腾，大家把几个部长和阿拉戈押在一边，商议着怎样成立公社。一位三十多岁的中年人，全副武装，带着一支队伍雄赳赳地进入会议厅。他是第六十三营营长弗路朗斯，是巴黎工人很熟悉的一位光明磊落的革命者。他提议先成立一个公安委员会，然后再选举公社。于是，分散在市政厅内外几十个地方的人们开始热烈地议论起这个委员会的名单。

傍晚，被选为公安委员会成员的布朗基来到市政厅。他已经 65 岁，是法国无产阶级革命运动的著名领袖。31 年前的 1839 年，他曾在这个建筑物内当过短短几小时的起义领袖，还颁布过一些法令。现在，他又到这里来了。

布朗基进入大厅，立即投入紧张的工作。他不停地签署命令，发布声明，指示要防止普鲁士人知道城里发生的事情，迅速占领警察局和区公所；又把阿拉戈等政府成员找来，要他们同意选举公社。

阿拉戈赶紧代表其他政府成员宣誓说："我完全同意政府改选，我将立即签署改选公告，引退下台，让位给各区自由选举出来的公社。"

布朗基、弗路朗斯等人轻信了这些人的保证，饶了他们的命，把他们放走了。

改选政府的消息立即传到广场上，聚在那里的国民自卫军在布朗基、弗路朗斯等人的指挥下纷纷高呼口号，陆续回到自己所在的区去，准备选举公社。

这时，起义的领袖们认为政府已被推翻了，他们没有想到特罗胥、阿拉戈等一伙是决不愿退出历史舞台的！

特罗胥溜出市政厅后，马上紧急召集了他的嫡系部队——布列塔尼别动队，命令他们立即控制市政厅周围的广场、路口和林荫道，同时逐步渗入市政厅内外的人群中去。

午夜，正当布朗基、弗路朗斯等人经过一整天的紧张活动，疲劳地躺在沙发上朦胧入睡时，布列塔尼别动队的队员从他们的主子白天逃出去的一个秘密地道里钻了出来。等布朗基等人惊醒时，别动队队员的枪口已经对准了他们的胸膛。

　　第二天，反动政府宣布公社选举的声明无效。接着，60多名起义领袖和公社的拥护者被投入监狱，巴黎无产阶级建立公社的第一次尝试失败了。

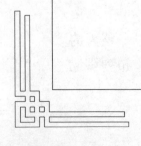

四、巴黎公社成立

（一）卖国的国防政府

国防政府为了迫使人民同意向普鲁士投降，从 1871 年年初开始加紧策划卖国勾当。

在 1 月 10 日的政府会议上，特罗胥公然提出："如果在巴黎城郊的大战中死掉二万到二点五万人，巴黎就会投降了。"

普鲁士在首相俾斯麦的领导下，先后在普丹战争、普奥战争和普法战争中获胜，完成了统一德意志的大业。

1871 年 1 月 18 日，普鲁士国王威廉一世在巴黎凡尔赛宫镜厅正式登基为德意志皇帝，德意志帝国建立了。

这时，法国政府专门讨论了进行投降谈判的人选、以法国还是以巴黎名义投降以及投降时采取哪些措施对付群众反抗等问题。接着，政府在 1 月 19 日和 20 日间蓄意制造了一场失败的出击，随后便大肆渲染法方在前线上的伤亡情况，企图胁迫人民承认投降是唯一的出路。

1 月 20 日晚，法夫尔和特罗胥在区长会议上一唱一和，硬说巴黎不能再作任何抵抗了，保卫巴黎只不过是"英勇的蠢举"。

人民群众对这伙卖国贼已忍无可忍，又于 1 月 22 日举行了巴黎被围期间反对政府投降的第二次起义，还是遭到了残酷的镇压。

这时，国防政府以为通向投降道路上的障碍已经排除，便委派法夫尔从 1 月 23 日起再次和俾斯麦谈判，并于 1 月 28 日签订了停战协定。

这个协定规定了停火时间及德法两军在法国各战场的停火线；规定巴黎交出全部防御工事、绝大部分炮台和大批武器弹药，卫戍部队除留下一个师保留武器以维持秩序外，其余全被宣布为战俘；法国必须在三周内选出国民议会，以最终决定和战问题。

对于特罗胥一伙的卖国活动，甘必大是极力反对的。直至 1871 年 1 月 27 日，他还给巴黎的国防政府发去一封急信："无论从实际上看还是从法律上看，你们都不能代表政府投降。法国没有被击败。如果你们没有我们的同意和批准而签订了涉及巴黎问题以外的条款，那都将是无效的。"

综合考虑德法双方当时的军事、经济、外交以及战争潜力，法国当时远远未到无法继续作战的程度，而德方却行将陷入捉襟见肘的困境。

后来的事实说明：法国并不是被击败的，而是被国防政府出卖的。

当时，德国军队占领了法国东部、北部和中部，并由德国委派的省长管辖，法国 96 个省被德军占了 43 个。

巴黎和外省的联系已被切断，一切交通路线已被破坏。

这时，甘必大仍试图通过他领导的政府代表团对国民议会选举施加影响，以便选出一个主战的议会。为此，他通告各省省长，不让旧帝国官吏和现政府成员参加议会竞选。此举引起俾斯麦的抗议，特罗胥和法夫尔马上加强对甘必大的压力，迫使他放弃这一决定，被迫辞职。此后，议会选举完全被投降派控制。

1871 年 2 月 12 日，国民议会在波尔多举行第一次会议。同日，国防政府宣告解散。前去波尔多的共有 645 名议员，主和的正统派、奥尔良派和波拿巴派共占 420 名。议会成员的这种政治构成不仅使法国的屈辱投降成为定局，而且使共和国本身的存在也成了问题。

这一年，巴黎的冬天比往年更为寒冷。德国的

15万大军把这座城市团团围住，并不断用大炮轰击。巴黎铁路运输停顿，粮食、肉类、燃料的供应越来越紧张。物价天天上涨，投机活动日益猖獗。

从11月初起，肉铺就看不到牛肉了。到12月初，一磅马肉要卖15法郎，相当于一个自卫军战士10天的薪饷。接着，肉铺里开始出售猫、狗、乌鸦，动物园里出售象肉和熊肉。在市政厅附近，商人建起了老鼠市场。老鼠陈列在笼子里供人选购，一只大老鼠卖3法郎。木柴、煤炭价格昂贵，煤气供应早已中断。街上没有路灯，夜里一片漆黑。战前，巴黎的人口死亡率是每周750人，而现在每周竟达4500人。每天清晨，一批批挨饿受冻的穷人倒毙在马路上。

正当无产阶级饥寒交迫之时，资产阶级却依然过着穷奢极欲、醉生梦死的腐化生活。一些豪华的大饭店和权贵们的客厅里，照常灯红酒绿，杯盘狼藉。

有一天，资产阶级和权贵们竟然别出心裁地给一家大饭店的经理赠送一面金牌表彰他，说是他没有让大家感到是在这个被围困的城市里欢宴。

尤其令人气愤的是，政府的代表穿梭似的在巴黎和凡尔赛之间频繁来往，讨价还价地商谈投降条件。

巴黎人民再也不能忍受下去了，大街小巷到处有人在议论时事。一天，在贫穷的伯列维尔工人区，工人们自动地组织了一次集会。

工人们愤慨地说："我们让他们上台，是为了抵抗普鲁士的入侵；而他们上台是为了卖国，这样的政府还要它干什么?"

"可惜我们太麻痹了,特罗胥就是利用我们缺乏警惕,反扑过来咬我们一口。看来我们手里的枪决不能放下,而要始终对着他们。"

"现在已经很清楚,国防政府让普鲁士人用大炮来轰我们,而他们自己则用饥饿来折磨我们,等我们饿得皮包骨头,他们就开城门投降,这虽同麦克马洪和巴赞使用的方式不同,但用心完全是一样的!"

"我们工人在挨饿受冻,他们却在寻欢作乐。爱丽舍大街的大饭店门口,每夜都停着好几十辆新式马车。拉车的马是阿拉伯名种,一匹就值 1 万法郎呢。"

"1 万法郎能造两门大炮啊!"

"大炮巴黎有的是,少说也有上千门!可都掌握在卖国贼手里,有了也是白搭。总之,人民要抗战,政府要投降,就是这么回事。"

大家议论着,一个个铁青着脸,怒火中烧,气冲牛斗。这时,一位铸造工人站起来激动地说:"既然他们有大炮不抵抗,那咱们就自己凑钱造大炮打敌人。咱们人虽穷,可是当亡国奴决不干。我先领个头。"说着,他掏出一个钱袋,里面有 50 法郎,全捐了。

周围的人见他捐钱造大炮,纷纷响应,有多捐多,有少捐少,一场铸造大炮的募捐活动很快在巴黎各区广泛地展开了。

数十万过着半饥半饱生活的工人和自卫军战士把

自己菲薄收入的一部分捐献了出来，几星期内便筹集了一笔巨款，用它铸造了 400 门大炮。

巴黎工人自己铸造大炮的革命行动引起了反动政府的极大恐慌，于是他们加速进行投降活动。经过与俾斯麦多次的秘密会谈，终于在 1871 年 1 月 28 日签订了巴黎投降条约，普法战争宣告结束。根据条约规定，巴黎先预付两亿法郎的赔款，城外的大部分炮台移交给德国，还向德军交出了近 2000 门大炮、10 万发炮弹、17 万支步枪、350 万发子弹。这仅仅是巴黎的赔偿，而不是法国的全部赔偿。德国要法国支付战争赔款 50 亿法郎，还要割让富庶的亚尔萨斯和洛林两省。

1871 年 2 月 17 日，臭名远扬的反革命阴谋家、两面派梯也尔被国民议会选举为政府首脑。两天后，他组成了战后第一届内阁。

梯也尔是个极端反动的资产阶级政客，是工人阶级、社会主义的死敌，曾当过内务大臣和首相，残酷镇压过工人起义，支持路易·波拿巴上台。他是一个背信弃义、卖身变节的老手，马克思称他是法国"资产阶级的阶级腐败的最完备的思想代表"。这个极端反动的家伙上台当天，就亲自跑到凡尔赛去，全部满足了俾斯麦提出的要求，在丧权辱国的临时和约上签了字。

梯也尔没有参加过国防政府，但在幕后参与了这个政府的全部投降活动。法国投降后，他凭自己长期从政的经验、翻云覆雨的政客手腕以及在欧洲各国的影响，使自己成为法国大资产阶级处理战后棘手问题中所必需的人。

（二）全世界无产阶级的光辉节日

投降消息传出后，巴黎人民掀起了一个反对投降卖国的巨大浪潮。国民自卫军迅速建立了统一领导机关——中央委员会。工人们上街集会游行，大规模地夺取政府的武器弹药，梯也尔的反动统治岌岌可危了。

梯也尔最害怕的是站在他面前的武装起来的巴黎工人阶级。为了维护既得权势，他准备向巴黎的工人阶级下毒手。

为了解除工人武装，梯也尔将大批军队从前线调进巴黎，并于 3 月 16 日召见高级官员，举行内阁会议，任命波拿巴分子瓦伦顿为巴黎警察局局长，宣布巴黎立即进入特别戒严状态。

3 月 17 日，梯也尔在陆军部大楼召开有军界要员列席的政府部长会议，决定夺取工人武装，并于当晚 8 时在军官会议上宣布了具体的行动计划。

新任巴黎总督维努亚向到会的将军、部长报告了巴黎面临的紧张局势。他说："各位，自从临时和约签订以来，巴黎秩序混乱不堪，警察、宪兵简直不敢上街了。暴徒们掌握了大批武器弹药，政府无法控制他们的行动。据侦察，在蒙马特尔高地，暴徒们配置了170多门大炮，这对政府是一种极大的威胁，我们必须立即采取相应的措施。"

梯也尔说："维努亚将军已经为我们拟订了一份十分周密的计划。今天我请各位到这里来，就是为了研究这份计划。现在还是由他本人来向各位详细介绍吧。"

维努亚从文件夹中取出一份材料，得意地说："几天前，曾经担任过国民自卫军总司令的托马将军交给梯也尔先生一份关于'彻底消灭巴黎暴徒的精华'的计划。这是一份很有远见的计划。我在托马将军这份计划的基础上又加以修改、补充，重新拟订了一份经过通盘考虑的计划。现在我给各位念一念……"

当听他念到"必须在明天清晨占领蒙马特尔高地等停炮场，全歼暴徒精华，一举夺取大炮"的计划时，人们都露出了惊恐的神色。财政部长大叫道："这是冒险啊！"

梯也尔冷冷地说："没有冒险就没有成功，就这么办了，立即行动！"

在巴黎北面的工人区一带，有一座险峻的高地，人称蒙马特尔高地。这高地北面很陡，其他几面有深沟环绕，一条狭窄的石阶小路像梯子似的架在高坡上，顶端是一个平坦的大广场。广场上筑有坚固的掩体、瞭望台和弹药库等军事设施，胸墙后面停放着许多榴弹炮和速射霰弹炮。

这里是全巴黎的制高点。站在高地向南俯瞰，街道纵横交错，房屋鳞次栉比，尽收眼底。只见 12 条大街从明星广场中心高耸的凯旋门呈辐射状通向巴黎各处，8 个巨大的火车站伸出十几条铁路通往全国和欧洲各地，塞纳河在市内拐了个大弯向西北缓缓流去。

著名的蒙马特尔高地是一个巧妙地利用自然环境精心修筑起来的大炮阵地，巴黎工人把他们用血汗钱铸成的大炮放在这里。

1871 年 3 月 18 日凌晨 2 点，黎明前的高地寒风刺骨，几位守卫大炮的国民自卫军战士正高度警惕地来回巡视着。

这时，梯也尔的反动军队偷偷地向蒙马特尔停炮场移动。

将近 5 点钟，列康特将军指挥的步兵 88 团先头部队首先到达蒙马特尔高地。他们开枪打伤了一名哨兵，并与守卫大炮的 20 名国民自卫军战士发生流血冲突。他们凭借大部队的优势兵力夺取了高地上的大炮。

当反动派运走大炮时，被蒙马特尔的妇女发现了。她们敲响警钟，工人和广大市民闻讯赶来，团团包围了军队，不让他们拖走大炮。

反动的列康特将军命令士兵向群众开枪，愤怒的群众严厉斥责军官这种替卖国贼效劳的可耻行为，并把广大士兵称作朋友，请他们不要朝自己的兄弟姐妹们开枪。

士兵被群众的爱国行动所感动，拒绝开枪，并准备站到人民方面。

列康特见状，气势汹汹地一连下了四道命令，叫士兵立即向群众开枪，可是 88 团士兵仍在沉默之中，无人听命。

这时，一个叫维尔达格的中士站了出来，向士兵们大声喊道"放下枪"，并当场逮捕了列康特等一些反动军官。于是，士兵们纷纷倒戈，站到人民一边。

敌军被瓦解后，绝大多数大炮仍被安放到原来的位置上，梯也尔解除工人武装的阴谋完全破产了。

几个小时后，列康特和另一名将军克列基·托马仍坚持反动立场，被革命士兵枪毙了。

再说，前一天晚上，国民自卫军中央委员会正在忙于开会。中央委员会成立不久，要划分职责、设立各种委员会等。会议结束时，已是 18 日凌晨两点钟了。

开会的地方离蒙马特尔高地有四五公里远，中央委员们没有料到维努亚的军队已经开始出动了。

蒙马特尔的警报使全巴黎都惊醒，32 岁的装订工人、中央委员瓦尔兰一听到炮声就拿起一支步枪奔到开会的地方。

这时，已有八九个住在附近的中央委员正在紧张地分析形势，讨论对策。会议很快通过了一个宣言，立即派人送往印刷厂，印刷后好张贴出去。

中央委员会决定瓦尔兰到自己所在的第十七区组织队伍向政府军还击，给他的委任状上写着："国民自卫军中央委员会委员瓦尔兰有权在第十七区做他认为必须做的一切。"

瓦尔兰一到十七区，立即担任了这个区所属两个营的领导人。

两小时后，他同邻近的蒙马特尔区的领导人、中央委员贝热瑞取得了联系，共同由此向南朝市中心推进，一路上把反动军队打得溃不成军。

年轻的翻砂工人、中央委员杜瓦尔听到炮声后，也马上在自己所属的第十三区调集大炮，修筑工事。接着，他会同第五区的一部分营队占领了奥尔良车站和海关，并由南向北朝市中心挺进。

中午时分，一份份国民自卫军中央委员会署名的宣言在巴黎的大街小巷张贴出来："巴黎的无产阶级已经亲眼看到了政府的卖国行为，由我们来领导和管理这个国家以挽救时局的时刻已经到来。夺取政府权力以掌握自己的命运，是我们必须立即履行的职责和权利。"

中央委员会的宣言与梯也尔的布告形成了鲜明的对比，人们到处热烈地议论着。

许多区公所被工人占领了，不少政府建筑物里涌满了持枪的战士和工人。

400多门大炮，除十门被拖走外，其他的都完好地回到巴黎人民手中。

有些起义者在修筑街垒，以防德国人进行干预。

在中央委员会的号召下，工人营队开始向中心地区推进。人群的浪潮汹涌澎湃地从四面八方奔向首都的心脏——市政厅。

中央委员布律涅耳率领的一支队伍在欧仁亲王兵营受到敌人的狙击，政府军第一百二十团凭借兵营的工事进行顽抗，团长指挥着一百名军官向起义的队伍射击，但士兵们却朝天开枪。

布律涅耳命令战士推出三门大炮放在街心，兵营里的士兵们立刻缴了军官们的枪械，敞开大门，加入了起义者的队伍，两千支枪回到了人民群众手里。

接着，布律涅耳命令在直通市政厅的瑞华利街筑起街垒，控制了入口，布置了岗哨，同时派出巡逻队向市政厅两侧迂回。

从清晨起，梯也尔就在市中心外交部的一间大办公室里等待好消息。不多久，维努亚光着头惊慌失措地奔进来说："勒康特将军已被抓走，看来情况不妙。"

上午十点半起，接连不断的坏消息向他们传来。

警察局局长报告说："从蒙马特尔传来了坏消息：军队不愿行动，高地、大炮以及被逮捕的人都被暴徒们夺回去了，政府军被打得人仰马翻。"

巴黎市市长报告说:"从卢森堡公园传来了不幸的消息:士兵们放下了武器,并同暴徒联欢!"

骑兵师师长报告说:"旺多姆广场政府军总参谋部大厦已被暴徒包围,人群正继续向市中心移动。士兵们都把枪口朝下,我们无法抵抗暴徒的进攻!"

一个个报告犹如一道道催命符,把梯也尔这个卖国贼吓得胆战心惊。梯也尔万万没有料到经过缜密制订的解除巴黎武装的计划竟会遭到失败,更使他感到惊恐的是暴徒竟敢用起义来回答他所采取的行动!

梯也尔正在心慌意乱地考虑如何收场,突然陆军部长出现在他面前。他抬眼一看,只见这位平时衣冠楚楚、盛气凌人的部长先生额头上包扎着绷带,脸上青一块紫一块,满身泥污。

陆军部长心有余悸地报告说:"梯也尔先生,好险啊!刚才,我上巴士底狱广场视察,碰上一群暴徒迎面向我冲来,一阵乱枪擦伤了我的头皮。幸亏副官马上带来一连宪兵把我搭救出来,否则此刻早已像勒康特将军一样当俘虏了!"

梯也尔听了,心里更慌了。他看了看表,是下午三时半,从袭击开始,到现在已经 12 个小时了。他明知计划已经彻底破产,但在下属面前还得故作镇静,背着手在办公室里踱来踱去,表示在考虑如何解救危机。他踱到窗前,轻轻拉开窗帷,突然发现远处有一支穿着各种服装的队伍,人人手执武器,伴着雄壮的军乐声和高昂的口号声,朝外交部大厦走来。他叫声"不好"，这时两个卫兵气急败坏地冲进门来报告说："大批人向大厦涌来，担任警卫的半营轻骑兵大部分已经逃跑，请梯也尔先生马上离开这里吧！"

维努亚一听，急促地说："我们完了，我们完了，马上走吧，梯也尔先生！"陆军部长更是吓得缩成一团，连连催促："快走吧，不然我们都得当俘虏！"梯也尔声音打颤地说："好，马上走！马上走！"

在维努亚的带领下，梯也尔从通向另一条街的小门中艰难地钻了出去，跳上一辆马车，在几个轻骑兵的护卫下，狼狈不堪地向凡尔赛方向逃窜。

临上车时，卫兵提醒他："梯也尔先生，您的太太和孩子——"

"算了，都什么时候了，还考虑太太、孩子！一切听天由命吧。"

从巴黎到凡尔赛的路上，到处是一片混乱。惊马的嘶叫声，车辆的辚辚声，夹杂着贵妇人的尖叫声，这一切汇合成一个声音："快逃命吧！"

凡尔赛原是法国巴黎西南郊的一个小镇，距巴黎市中心17.1公里。法王路易十四将行宫凡尔赛宫建于此处，并在此常驻，从此这里成为法兰西王朝的首府，作为法兰西行政中心长达107年（1682～1789）。这里也是贵族云集之地。这里有卫戍部队驻军营地，设有军队、医院和军事院校。城北部为商业和手工业区，南部为贵族居住区。

英勇的战士正在向市中心挺进，他们还缺乏斗争经验，没有紧闭城门来个关门打狗，一网打尽敌人，而终让凶恶的敌人逃跑了。这就为敌人不久以后卷土重来屠杀巴黎人民埋下了祸根！

就在政府官员、士兵和阔人慌乱逃跑时，工人营队已经逼近市中心。

瓦尔兰和贝热瑞率领的营队联合占领了离市政厅仅两三公里的旺多姆广场——政府军总参谋部所在地；杜瓦尔率领的营队占领了警察局，接着控制了与市政厅仅一河之隔的巴黎圣母院。

晚上九时半，炮声齐鸣，战旗挥舞，各路大军在反动政府的巢穴——市政厅前又一次会师了。

几个最后据守在这里的宪兵慌慌张张地从地道逃走，这座标志着法国反动统治的政府大厦终于被巴黎人民占领了。

两名战士攀上市政厅大厦，把一面鲜艳的红旗插上大厦的顶端。聚集在格雷夫广场上成千上万的人们顿时发出雷鸣般的欢呼声。

巴黎工人阶级和劳动人民用枪杆子推翻了资产阶级的统治，终于夺取了政权。革命胜利了！

马克思说："英勇的 3 月 18 日运动是把人类从阶级社会中永远解放出来的伟大的社会革命的曙光。"

1871 年 3 月 18 日成了全世界无产阶级的光辉节日。

深夜，市政厅内外弥漫着一片紧张的战斗气氛，两万名自卫军战士和工人在大楼前的格雷夫广场上露营，他们的枪刺上插着面包，吃饭时也不休息。五十门大炮和速射霰弹炮沿着大楼正面排列开来，保护着市政厅。巴黎无产阶级已从去年 10 月 31 日起义的失败中吸取了经验教训：武装夺取的政权，要用武装来保卫它！

高大的王位大厅里彻夜灯火通明，近五十个人伏在一张桃木长桌上分析情况，草拟命令。中央委员会委员们不断出现在由两个卫兵把守的大厅门口，向军官们传达命令，分配任务，回答他们提出的各种问题。

晨曦揭起初春的夜幕，红日冉冉升起。巴黎迎来了革命胜利后的第一天，即 3 月 19 日。

上午 8 时半，中央委员会在前政府首脑、巴黎总督特罗胥宣誓就职的那个大厅里举行了第一次会议。

主持会议的一位中央委员说："目前我们最主要的任务是尽快稳定局势，要立即向巴黎市民说明中央委员会占领市政厅的目的，在最短时间内选举公社，以便移交中央委员会的权力；同时占领国家机关，保护城市免遭袭击。"

国民自卫军驻总参谋部代表兼巴黎要塞司令贝热瑞说："刚才主席提到的这些无疑是当前很重要的任务，但它还不是最重要的任务。我认为目前首先应该集中中央委员会的权力，在迅速占领政府机关后，立即向凡尔赛进军，驱散国民议会，并且号召全法国支持我们！"

　　另一位中央委员支持贝热瑞的意见，但更多的人支持主持会议的人，贝热瑞的正确意见被否定了。

　　中央委员会决定立即准备选举公社，并当场起草一个宣言，同时准备占领重要机关。

　　正当他们在这个宣言上签名的时候，一位中央委员气喘吁吁地冲进王位大厅报告说："公民们，我们刚才得知政府不少成员还都在巴黎，他们正在第二区和第三区准备反抗；留在城里的政府军士兵正列队穿过塞纳河左岸的城门向凡尔赛方向逃去。快，我们必须赶紧采取措施，把议员、部长们逮捕起来，阻止敌人逃跑！"

　　贝热瑞听后怒火中烧，大吼一声："我提议立即紧闭城门，把他们统统抓起来！"说罢，他圆睁双眼，盯着主席。

　　主席挥挥手说："慢着！中央委员会刚才决定目前最主要的任务是稳定局势，进行公社选举。紧闭城门逮捕人会造成混乱，影响大局。我们已经控制了巴黎，占领了市政厅，就不必再制造流血事件了。法兰西的光荣传统是自由、平等、博爱，我们决不能违背这个原则。不仅如此，我们还应当宣布解除戒严状态，撤销军事法庭，大赦一切政治犯和刑事犯，并同留在巴黎的议员、区长们进行认真的谈判，争取他们参加公社选举。这样全巴黎的人就都会来参加选举！当然，占领机关的事可以马上进行。"

　　贝热瑞猛地把手掌向空中一劈，愤愤地坐在一边生闷气。

会议一直开到午后一时。中央委员们草草吃过午饭，有的去接收和占领国家机关，有的去和留在巴黎的议员、区长谈判。

内务部里只留下十几个低级官吏，部长办公室的门上贴着封条，档案库里杂乱无章，院子的一角还在冒烟，四周堆着尚未焚毁的公文。

财政部很快被占领，但国库紧闭着，钥匙已被带到凡尔赛去，重要的账册也被劫掠一空。

外交部的大门敞开着，整幢大楼只留下几个看房子的清洁工。重要的外交档案已被窃走，办公室的地上散落着丢弃的文件和材料。

电报局的所有电讯线路已被切断，重要器材有的被带走，有的被破坏，巴黎同外省的电讯联系从昨夜开始就断了。

陆军部、海军部、铸币局、市直接税管理局的情况也大抵如此。

所有高级官吏早已逃到凡尔赛去，机关的印章、钱柜、表册等重要物品不是已被搬走，就是已被破坏。大楼内外到处贴着的公告，命令政府公职人员必须在三天内前往凡尔赛，否则予以撤职。

反动政府留下来的就是这样一副烂摊子。但巴黎无产阶级既然敢于占领它，就一定能够彻底打碎它，摧毁它，创建一个能为自己服务的崭新的机构。

24岁的洗衣厂师傅、中央委员格洛利埃带着12

名自卫军战士占领了内务部。他们砸开部长办公室的门，在华丽厚实的地毯上铺好草垫子，晚上就睡在上面。

格洛利埃只念过两年书，对内务部那些繁文缛节十分鄙视。他起草和签署的一些命令都贯彻了革命的意图。

占领电报局的一位中央委员面对没有技术人员、缺乏电讯设备的严重局面，立即果断地把许多普通电报员、递送员、查对员提拔到领导岗位上，并马上举办训练班，使普通工人迅速学会了电报技术，从而恢复了市内电讯业务。

一位普通的制铜老工人接受了中央委员会任命他担当的铸币局局长的职务。他依靠工人为邮局制造了邮票模子，为税务机关制作了印花模子；还勒令一家隐藏金块的银行交出了价值 110 万法郎的金锭，用它很快铸造出了大批 5 法郎的金币。

占领政府机关的工作进行得比较顺利，但同议员、区长的谈判却进行得很不顺利。这些资产阶级分子不是根本不承认新政权，拒不参加公社选举，就是千方百计地制造各种借口，想方设法拖延选举日期，以便让梯也尔有时间拼凑反革命武装，对巴黎人民实行反攻倒算。

不少中央委员很快识破了资产阶级分子的阴谋，他们在占领政府机关后，坚决要求踢开区长，自己进行选举。

选举的日子终于确定了，选举公告贴满了全市的大街小巷。

（三）新的阴谋

这时，敌人又开始了新的阴谋。

中午，旺多姆广场沐浴在明媚的阳光下，这个17世纪建成的八角形广场上，一切都显得熠熠生辉。

一座半敞开的巨型街垒瓶口似的封锁着广场东北的路口，蒙马特尔高地像一道坚实的屏障屹立在北隅。

广场正中矗立着一座高高的圆柱——凯旋柱。这是六十多年前拿破仑为纪念侵略欧洲的胜利，用缴获的1200门大炮熔铸而成的。圆柱自下而上环绕着青铜浮雕，代表着拿破仑各次进军的不同场景；顶部则是他戴着月桂冠当罗马皇帝的塑像。

广场上一片肃静，几位年轻战士正精神抖擞地值勤放哨，有几个战士身上背着战鼓。

这时，从总参谋部大楼中走出一位身穿军服的中年人，四十开外，高高的身材，两条剑眉衬着一双炯炯有神的眼睛，腰间佩戴一把手枪，足蹬长统皮靴，英气勃勃。他就是中央委员会驻国民自卫军总参谋部代表兼巴黎要塞司令贝热瑞。正是他，三天前率领蒙马特尔区的营队，同瓦尔兰率领的巴提诺尔区营队联手占领了旺多姆广场。这位帝国时期普通的工人，革命后成了在巴黎深孚众望的高级将领！

贝热瑞走到战士面前，爽朗地说："你们好啊，年轻的公民们！今天这里有没有情况呀？"

一个战士回答说："昨天那伙人想来闹事，咱们一冲上去，他们就绕道逃跑了。今天倒还安静！"

另一个战士说："我看啊，他们不敢再来了。现在，巴黎是咱们的天下，明天就选举公社了，他们还敢来闹！"

贝热瑞说："依我看，他们是不肯安静的。我们即将选举公社了，这是我们自己的政府，梯也尔能安静吗？城里那些资产者能安静吗？还有，俾斯麦他们能让我们安静吗？现在，巴黎的确已成了咱们的天下，可是他们决不会甘心的。在建立公社的日子里，我们更要提高警惕，防止他们捣乱。听说俾斯麦已向梯也尔发出了通牒：如果凡尔赛方面不能在最近几天内'恢复巴黎秩序'，德军就要采取行动。因此，明天能不能选举公社，现在还说不上。你们都知道，梯也尔是靠投机卖国上台的，俾斯麦根本看不起这条走狗，可是又不得不利用他来咬我们；梯也尔呢，又唯恐俾斯麦当他脓包，把他一脚踢开，所以一定要发疯地来咬我们。这就是我们面临的局面，大伙儿说对吗？"

战士们听了，都连连点头。一个战士凑上来说：

"将军，咱们战士都有股子劲，恨不得把梯也尔一伙抓起来，像对付勒康特和托马这两个坏家伙一样，统统把他们枪毙了！但我不明白，为什么咱们不赶紧向凡尔赛进攻，却忙着选举公社呢？要是把这些人逮住了再成立公社，不是更好吗？这几天，资产者的报纸老是喋喋不休地辱骂我们是'暴徒'、'强盗集团'，叫大家不要去参加公社选举。将军，我们手里有的是枪，为什么不去封他们的门，却让他们每天出版诬蔑我们的报纸？"

贝热瑞听着不住点头，他觉得战士提出的这些问题反映了巴黎大多数人的心理和愿望。但有关要不要立即向凡尔赛进军的问题，中央委员会内部的意见有分歧。大多数人急于移交中央委员会的权力，主张立即举行公社选举，而不主张先去进攻凡尔赛。贝热瑞和少数中央委员虽然建议直捣凡尔赛，然后再成立公社，但这个正确的建议未被大家接受。贝热瑞很想在战士面前说说自己的看法，进一步听听大家的意见，但他马上想到中央委员会已经作了决定，再说，把这些分歧意见告诉战士们也不合适。于是，他亲切地把双手搭在战士的肩上，委婉地说："我们还是根据中央委员会的决定办吧！至于报纸的问题，中央委员会今天上午已向各报社发出警告：对于任何煽动捣乱的行为将给予严厉的镇压！"

大家正谈论着，突然听到街垒那边人声鼎沸，紧接着一名哨兵飞奔过来，气愤地报告说："一支上千人的队伍高呼反动口号，从歌剧院广场冲来，和平街有两个哨兵已被他们夺走武器了。"

贝热瑞用严峻的目光扫了一下在场的战士，大声命令道："立即通知广场守备队全体战士紧急集合，封锁广场所有路口！"战士们异口同声地喊道："是！"

这时，一群示威者已经突破街垒的封锁口，乱哄哄地向广场冲来。贝热瑞定睛看去，这些人都戴着大礼帽，穿着细呢服，手里挥舞着小旗，嘴里乱喊着："打倒中央委员会！""打倒杀害勒康特、托马将军的凶手！""我们不要公社！"

原来，这支反革命游行示威队伍是由凡尔赛的海军上将赛塞拼凑起来的。赛塞六十岁左右，在帝国的官场中混了四十多年，爬上了海军上将的位置。最近，被梯也尔任命为政府军总指挥。这次，他奉梯也尔之命潜入巴黎，目的是想收集政府军残部组织暴动，破坏公社选举。不料来到巴黎后，归顺他的人实在太少，于是就想孤注一掷，搞一次"和平示威"。他的指挥部就设在离旺多姆广场不到一公里的巴黎大饭店里。

此刻，赛塞戴着一副墨镜在队伍后面压阵，而他的一名副官在前面领头。

贝热瑞向四周一看，广场守备队的 200 名战士已经全部出动，在一名军官指挥下排成半圆形的队伍，勇猛地迎上前去弹压；所有的路口都已设岗布防；总参谋部大楼每一个面对广场的窗口也都出现了人影，有几个战士还把两门霰弹炮推到了大楼门口。

贝热瑞对身旁的战士和几名鼓手说："跟我上，准备战斗！"

赛塞的副官侧着身走在队伍前面，声嘶力竭地领呼反动口号。贝热瑞一个箭步冲到他面前站定，质问道："先生们，你们想干什么？想替凡尔赛卖命吗？"

副官气势汹汹地问："你是谁？"

"我是打狗队队长，专打凡尔赛的走狗！"

"别跟老子开玩笑！我们要自由！你们的政府是非法的！我们反对成立公社！"

这时，从远处传来了口号声："打倒梯也尔！我们要公社！"

原来，蒙马特尔的工人和战士听说有人到旺多姆广场闹事，就自动组织起来增援了。

在队伍后面压阵的赛塞看到大批愤怒的人向这里涌来，意识到已经腹背受敌，唯一的办法就是迅速冲进广场，占据大楼制造更大的混乱。于是，他急忙挤到副官身边，碰了碰他，同时狠狠地盯了他一眼。副官不敢违命，摸出了一支左轮手枪向贝热瑞的胸部瞄准。说时迟，那时快，贝热瑞突然发现眼前有样东西在阳光下一闪，便机灵地冲上一步，把最靠近他的一个坏蛋朝闪光处猛力一推，只听"砰"一声响，子弹射进了那个坏蛋的背部，手枪当即被坏蛋撞落在地。一个战士跳过去一脚踏住手枪，其他战士愤怒地举起步枪。副官见状，急忙躲进人群。

贝热瑞拾起地上的手枪挥了挥说："这就是自由吗？现在，我代表国民自卫军中央委员会正式警告你们，如果你们不在五分钟之内解散队伍，撤离广场，我们将采取最严厉的措施！"接着，他向战士下命令说："准备擂鼓！""咚咚咚……"几名战士立即擂起战鼓。

这是法国历来政府用来驱散示威队伍或集会人群而采取的一种警告形式。根据规定，在鼓声重复三次后，政府有权使用武力。在帝国统治期间，反动政府经常利用这种形式来镇压人民群众；而现在，战鼓掌握在无产阶级手里，贝热瑞就用这些家伙过去镇压人民群众经常使用的方式来对付他们

第一阵鼓声停了，整个广场沉寂了几秒钟。

接着，第二阵鼓声擂得更响了。敌人阵脚大乱，赛塞急得满头大汗。副官吓得魂飞魄散，不知所措，拼命后退。在一片混乱之中，赛塞硬着头皮，又一次挤到副官身后，用膝盖重重撞了他一下。

这时，第三阵鼓声响了。震耳欲聋的鼓声中夹杂着群众的怒吼声："抓起来！把这群无赖抓起来！"

副官前顾后盼，觉得无路可逃，便拔出一把刀朝贝热瑞刺去。战士没等他扑上来，早把刺刀刺进了他的胸膛。站在前面的几个暴徒见状，有的拔出手枪，有的抽出匕首，有的举起手杖行起凶来，有两名战士顿时倒在血泊之中。

贝热瑞当机立断，大吼一声："开枪！"不到两秒

钟，十几个反动分子当场成了梯也尔的替死鬼。

早在第三阵鼓声响的时候，赛塞就作好了开溜的准备。枪声一响，他第一个当了逃兵。顷刻之间，这支反革命队伍就作鸟兽散了。当他们逃出广场挤在街垒四周时，又被早已聚集在那里的工人群众和自卫军战士围起来痛打一顿。

广场上留下许多尸体、手枪、手杖、刀和铁制拳套，还有不少被踏扁了的大礼帽和撕得粉碎的小旗。

赛塞妄图破坏公社建立而策划的一次"和平示威"彻底失败了。

赛塞逃回到巴黎大饭店，匆忙收拾行装，结算账目，搬到他认为最可靠的一个反动区长家去了。他来巴黎时，随身带着他的全套军官标志：金丝肩章、佩刀、镶着金边和挂满勋章的将军制服以及有梯也尔署名的政府军总指挥委任状。如今，为了便于脱身，保全老命，他不得不忍痛把这些东西都留在区长家里，两天后偷偷地溜回凡尔赛去了。

（四）欢庆巴黎公社成立

3月28日，整个巴黎沸腾起来，成千上万的人欢欣鼓舞地朝市政厅涌去。

市政厅前宽敞的格雷夫广场的空地上很快就挤满

了人，几百门扎着彩带的大炮排列在广场四周的林荫道上。

巴黎人民用武装起义推翻了梯也尔的反动政权，今天他们要欢庆巴黎公社成立。

中央委员布律涅耳激动得整整一夜未合眼。十天前，他带领一支武装队伍冲到格雷夫广场，占领了市政厅。今天，他将要指挥 100 个营的队伍通过主席台，接受公社委员的检阅。

市政厅大楼前搭起了一个长长的主席台，上面铺着浆洗过的蓝布；耸立在两根粗大的大理石圆柱中央的共和女神雕像装饰着红绸，后面衬着一簇簇红旗；大楼的屋顶和瞭望台上飘扬着巨大的红色三角旗。

布律涅耳正凝视着眼前这动人的场景，他的老战友、今天将担任大会主席的朗维耶走了过来。朗维耶本是布景工人，一直在后台工作，今天终于上前台了。

布律涅耳激动地说："梯也尔说我们的选举是不自由的，而且没有威信。事实恰恰相反，227000 人投了票，20 万人到这儿来庆祝胜利，能来的全来了！"

这时已近中午，自卫军开始取下插在枪刺上的面包，一边吃一边等待那最伟大的时刻的到来。

中央委员会和公社的委员们披着十字形的红色绶带登上了主席台，为大家所熟悉的瓦尔兰、贝热瑞、杜瓦尔都上了台。他们中有 70 多岁的老人，也有 20

多岁的青年；有法国人，也有外国人。一位工作人员宣读了当选委员的名单，人们热烈地鼓掌为他们祝贺。

接着，广场上号声嘹亮，鼓声震天。大家兴奋地欢呼，无数的红旗、枪支、帽子、头巾在空中不停地挥舞着。

朗维耶激动地走到主席台正中，高举双手，大声喊道："公民们，开会了。现在，我宣布中央委员会把权力移交给公社！请允许我向巴黎人民致敬！因为他们给全世界做出了人类历史上最伟大的榜样！"人群中又一次发出了热烈的欢呼声。

朗维耶挥挥手，继续大声说："三天前，中央委员会号召你们：只有从你们中间选出来的、与你们同甘共苦的人才能最好地为你们服务。不要相信那些沽名钓誉和爱出风头的人，不要相信那些不能办事的空谈家，不要相信那些有钱人，因为他们不会把工人当作自己弟兄来看待的。公民们，现在，你们的愿望实现了。我要以人民的名义庄严地宣告：巴黎公社正式成立了！"

公社是由巴黎各区普选产生的城市代表组成的，共选出 86 名公社委员，其中有 17 名资产阶级分子，不久即退出公社。公社尚有 32 名知识分子（有记者、律师、医生、军官等）、25 名工人、8 名职员、1 名手工业者、2 名小业主。就政治见解来说，他们多是布朗基派、蒲鲁东派和新雅各宾派，只有瓦尔兰等极少数人接受了马克思主义。

不管哪一派，他们多是各行业中有文化素养、有组织才能的优秀分子，是一致公认的忠于无产阶级事业的工人阶级的代表，属于第一国际巴黎分会的成员有 37 人，其中有瓦尔兰、弗兰克尔、杜瓦尔、鲍狄埃等，都是公社的出色领导者。

20 万人异口同声地欢呼，礼炮发出了震撼巴黎的隆隆声，乐队奏起了雄壮的进行曲，盛大的游行开始了。

布律涅耳举着军刀，熟练地指挥游行队伍通过主席台。最后一支队伍走过主席台时，夜幕已经降下，耀眼的灯火把巨大的广场照得通明，整个巴黎沉浸在一片欢腾之中。

这时，一位 50 多岁的邮递工人冲进公社会议厅，向委员们报告说："巴黎邮政总局局长拉姆庞强迫一些职员把邮局物品大包大包地运到凡尔赛去了！"

32 岁的公社委员、金属雕刻工人泰斯一听，怒不可遏。

原来，公社成立前三天，泰斯受中央委员会委托到邮局责令拉姆庞留守岗位，保持邮路畅通。这时，拉姆庞早已接到梯也尔的秘密来信，要他千方百计地破坏巴黎邮政业务，并尽一切可能把邮局所有贵重物品运送到凡尔赛去。要办这件事极不容易，因此他决定暂留巴黎等待时机。泰斯到邮局那天，他装出一副拥护公社的样子说："尊敬的泰斯先生，我衷心欢迎您来邮局指导工作。我准备承认即将成立的公社政权，并保证忠于公社，为它服务。我建议在公社正式接管邮局前，由公社派出两名代表来监督我管理邮局。"

泰斯一时没有察觉这家伙的阴谋，把他的建议作了汇报。经中央委员会同意，让他暂时管理邮局，想不到他竟潜逃了，还带走了贵重物品，真卑鄙！

公社委员听了老工人的报告后，都十分气愤，当场任命泰斯为邮电总局局长，并命他立即接收邮局大厦。

泰斯带着一个营队迅速赶到邮局，发现院子里、办公室里空荡荡的，邮包、信件杂乱地堆放在各处，保险箱的门敞开着，几个职员站在布告栏前忐忑不安地东张西望。

泰斯走近布告栏，见上面贴着一张字迹潦草的通告："凡本局人员必须在三天内前往凡尔赛就职，否则一律予以撤职。局长拉姆庞。"

泰斯走近职员，和颜悦色地说："公民们，我们是公社派来的。现在公社是唯一的政权，为公社服务是光荣的。公社保证你们的工作和生活，大家好好干吧！"

在场的人都默不作声，这时从角落里传过低沉的声音："公社的政权是非法的，国民议会和各国政府都不承认它，我们不能为它服务！"

说话的是个戴眼镜的人，身穿一套靛蓝色的礼服，态度很傲慢，说完话就径直朝门口走去。泰斯敏锐地向战士使了个眼色，只听"砰"一声，大门关上了。戴眼镜的人不安地问："这是什么意思？"一名战士拉了下枪栓说："老实点！"

向公社报告情况的老邮递员走了过来，指着戴眼镜的人说："他是稽查主任，刚才逼着管金库的职员把所有贵重物品全拿出来，交给拉姆庞运到凡尔赛去了！可不要让他溜了！"泰斯立即命令战士把他看管起来。

这时，许多上夜班的邮递工人先后来到邮局，看到这个家伙畏畏缩缩的样子，事情明白了一半。他们平时常受他欺压，动不动就被他克扣工资，早就憋了一肚子气。现在见他这副狼狈相，都高兴得很，纷纷同泰斯和战士们握手，表示要支持公社，搞好邮政工作。

突然，一位名叫库龙的职员跑到泰斯面前，递给他一封信，坚定地说："公社代表，我下定决心为公社服务，这封信交给您吧！"

泰斯打开信一看，原来这是拉姆庞临逃前写给库龙的。信中吹捧他熟悉邮政业务，说只要他去凡尔赛，就立即提升他当分局副局长，同时还要增加薪俸。半小时前库龙还在犹豫，现在他决心留在巴黎为公社服务了。泰斯热情地欢迎他转到公社方面来，其他一些职员见库龙这样做，也纷纷表示要为公社服务。

　　经过一番查看，泰斯发觉邮局大多数车辆已被拉姆庞弄走，最需要的资料也被盗走，金库劫掠一空，邮票荡然无存，邮政业务显然一时无法开展。

　　严重的问题摆在泰斯面前，但他没有气馁，立即召开了全局人员会议，信心百倍地说："敌人要使巴黎邮局完全瘫痪，妄图切断我们的红色邮路，这是永远办不到的。自从 3 月 18 日以来，巴黎同外省断了联系，公社成立的消息和公社发布的重要法令、通告不能及时向全国、全世界发布。我们邮政人员要忠诚地为公社服务，首先必须开辟红色邮路，迅速把这些消息、法令和通告传送出去，彻底打破敌人的封锁！"

　　会上成立了一个由邮递工人和职员等组成的邮政委员会，那位老邮递工人和库龙都参加了这个委员会。大家想方设法，把信件送到被德军占领的圣·丹尼邮政分局转寄，或派出化装人员把信件投入被凡尔赛匪帮占领的邮箱。但宣传公社成立的传单很难送出去，这时库龙提出一个建议，用气球传送公社的宣传材料，邮政委员会立即同意了这个建议。

　　全局职工纷纷行动起来，制成了十几种气球。上百只气球在巴黎上空冉冉升起，随着强劲的东风飘向远方。刊登着公社成立的喜讯、公社通过的法令和决议以及《告农民书》等传单随气球落在巴黎城外，不久便传遍了全国。

　　公社成立的那天晚上，新当选的公社委员来到市政厅参加第一次会议。

会议厅里灯火辉煌，洋溢着一片欢腾。委员们互相握手拥抱，祝贺对方光荣当选。

这是人类历史上光辉的一页：工人阶级和劳动人民真正当家做主，用自己的权力开始创建一个崭新的世界。

一位最年长的公社委员被选为会议主席，两位最年轻的公社委员被选为会议秘书，负责记录等事。

会议通过了两项决议：关于国民自卫军中央委员会对祖国立有大功的决议，关于成立宣言起草委员会及其人选的决议。接着，还讨论了组织各种委员会来代替反动政府各部的问题。

第二天下午，公社召开第二次会议，着重讨论了公社各委员会的组成。

会议开始后，先点名检查到会人员。当点到"德勒克吕兹"时，只见一位 60 多岁的老人站了起来。他中等身材，两鬓已白，面容消瘦，但腰杆挺得很直。

老人把一封信在空中扬了扬说："请允许我在这里念一封信，这是一封寄给凡尔赛国民议会主席的信：'凡尔赛，国民议会主席先生：鉴于公社委员同国民议会议员这两个称号是不相容的，而我本人现在已荣幸地在巴黎被两个区的选民选为公社委员，为此，我决定放弃国民议会议员的称号而接受巴黎选民给我的公社委员的光荣称号。德勒克吕兹 1871 年 3 月 29 日于巴黎。'"

　　德勒克吕兹出身于拿破仑时代一个残废军人的家庭，受过高等教育。他从小向往资产阶级革命，反对帝国的专制统治，21 岁起就投身革命，曾多次受审和被判刑。他反对卖国投降活动，积极参加了 1870年 10 月 31 日反对国防政府的起义，后来不幸被捕。因他在巴黎人民中有很高的威信，所以又于 1871 年2 月被选为国民议会议员，当即被释放出狱。出狱后，他以议员的身份继续揭露卖国政府的投降活动。公社选举时，他同时被两个区选为公社委员。爱国主义和共和主义的信念使他接受了光荣的委托，站到公社这一边来，受到了巴黎人民的欢迎。因此，当他把信读完后，全场顿时响起了热烈的掌声。一位公社委员兴奋地站起来说："公民德勒克吕兹以自己的行动表明他坚定地站在公社一边，而同凡尔赛的国民议会彻底决裂。他的行动应当得到赞扬和支持。我个人认为这种行动应为我们一切机关的人员所效法。为此，我提议立即通过一项法令，宣布公社是唯一的政权，凡尔赛政府的命令、指示一概无效！"在场的人异口同声地高呼："同意，同意！"

　　一位委员接受了会议委托，当场草拟了一项法令，并向大家宣读："宣布凡尔赛政府命令、指示无效的法令。公民们！公社现在是唯一的政权，兹决定：第一条，各种社会机关的职员今后必须确认凡尔赛政府或其拥护者所发出的命令或通知为无效，无法律效力；第二条，任何官吏或职员凡不服从本法令者，立即解除其职务。"这项法令立即被通过了。

一位公社委员站起来说："我认为凡尔赛方面历来赖以生存的最重要的是军队，他们的一切命令、通知都是以常备军为后盾的。因此，我认为要通过一项法令，宣布撤销常备军，而改由国民自卫军来代替它。"

这项提议也被通过，会议决定立即颁布一个"撤销常备军，改由国民自卫军代替"的法令。

这时，突然有个人粗声粗气地说："你们到底要通过多少法令？你们究竟要把国民议会置于什么地位？"

说话的是国民议会议员、巴黎市第二区区长吉拉尔。他是主张公社与国民议会调停的，巴黎人民一时没有识破他的真面目，因而把他选为公社委员。

早在公社发出选举公告时，吉拉尔就接受了梯也尔的秘密指示，竭尽全力拖延选举，以便使凡尔赛方面能有时间加紧与普鲁士勾结，卷土重来。昨天，他又接到了梯也尔的来信，要他公开宣布同公社决裂，以便制造混乱，降低公社在人们心目中的威望。因此，在今天的会上，他迫不及待地跳了出来，把他的真面目暴露无遗了。

吉拉尔继续说："打开天窗说亮话，我并不承认公社。我本来想再看一看，但遗憾的是你们越走越远了，为此我不得不要求辞职！"

吉拉尔刚说完，立即遭到了公社委员们的严厉斥责："你这个坏蛋，原来是凡尔赛的奴才！""谁在这个时刻要求辞职，谁就是公开宣布倒向凡尔赛！""他根本不配当公社委员，要他把当选证书拿出来！""逮捕他！"

古拉尔听到公社委员们的愤怒声讨时，心头怦怦乱跳，后悔自己的话讲得太露骨，但表面上仍然装得若无其事，晃着脑袋说："我早就准备好了，进了市政厅，就没想再出去！"

一位公社委员抑制住自己的怒火，不屑地说："既然他这样说，我提议不妨让他回凡尔赛去！像他这种蛀虫，就是回到凡尔赛的巢穴里去，也无损于公社的一根毫毛。"于是，吉拉尔当场被轰出了会议厅。

由于公社的某些领导人受了阶级调和和阶级合作的束缚，幻想从精神上感化敌人，因此不惜一次又一次地同留在巴黎的反动议员和区长们谈判，要这些家伙也来参加选举。结果，在86名公社委员中，混进了21名资产阶级分子。但是，无产阶级和资产阶级是决不能调和的。公社的革命性质及它采取的一系列革命措施终于使这些家伙吓破了胆，他们在公社没待上几天就纷纷溜走了。

会议在轰走了吉拉尔这个坏蛋后，经过长时间的讨论，决定成立九个委员会，统一行使立法和行政权力，以代替反动的议会和政府设立的各种机构。这九个委员会是：

执行委员会：负责执行公社一切法令和其他委员

会的一切决议。

军事委员会：负责公社的军事工作，领导国民清查各商店所存的一切物品。

财政委员会：负责管理公社的预算和决算，解决一切拨款、房租、债务等问题，代替原财政部。

司法委员会：负责管理一切诉讼案件，代替原司法部。

治安委员会：负责保卫公社安全，保护人民利益，镇压反革命分子的破坏活动，代替原警察局。

劳动、工业和交换委员会：负责管理工业、公共工程和商业贸易，解决生产和劳动就业问题，代替原公共工程部和商业部。

社会服务委员会：负责监督邮政局、电报局、公路总局和铁路公司。

对外联络委员会：负责外交工作以及巴黎和法国其他公社的联系，代替原外交部。

教育委员会：负责管理公社的教育事业，进行教育改革，普及义务教育，代替原国民教育部。

接着，又选举了这九个委员会的委员。工人出身的杜瓦尔、贝热瑞等被选为执行委员会委员。

就这样，人类历史上第一个工人阶级的政府组成了。

伟大革命导师马克思高度评价公社这一革命实践，他说"工人阶级不能简单地掌握现成的国家机器，并运用它来达到自己的目的"，而应当"用他们自己的政府机器去代替统治阶级的国家机器、政府机器","公社的真正秘密就在于它实质上是工人阶级的政府"。

3月18日蒙马特尔高地的炮声把法兰西银行总经理卢兰吓坏了,他在家里躲了整整一天,不敢出门。

第二天上午,卢兰惶恐不安地来到银行。进了办公室,听差递给他一封凡尔赛派专人送交他亲收的信。他迅速拆开,见上面写道:

我亲爱的卢兰先生:

我已经严令巴黎所有政府人员立即来凡尔赛。但是,这对于您当然是例外的。因为您的光荣职责是使伟大的法兰西银行的财产不受暴徒侵犯。然而我必须告诉您,我们穷得像教堂里的老鼠一样,甚至掏尽口袋凑不齐1000万法郎,而现在至少需要2亿法郎!我充分信任您的智慧和才干,您将设法为共和国解决燃眉之急。

顺致崇高的敬意!

梯也尔

3月19日晨于凡尔赛宫

卢兰吩咐听差马上把副总经理普洛克、司库长及银行武装保卫营营长叫来。他一面把信递给普洛克,一面问司库长:"金库里有多少现金?"

"大约7700万法郎硬币，还有8亿钞票签字后就可发行。"

"其他呢？"

司库长掏出一个小本子，一笔笔上报："公债8.99亿法郎，有价证券9亿法郎，借款押品1.2亿法郎，银行券1.66亿法郎，金银珠宝1800万法郎……"

卢兰眨着眼睛迅速计算，发觉总额竟达30亿法郎！便问武装保卫营营长："运到凡尔赛去行吗？"

营长听了像触电似的霍地跳了起来，摇着头结结巴巴地说："总经理先生，不行啊！运这些钱财需要七八十辆马车，还得靠一个军团来护送，可现在马车、武装都没有！"

卢兰觉得他讲得有道理，又问："军械库里有多少武器？"

"三百多支步枪，还有些左轮手枪，只是弹药不足。"

卢兰咬咬牙说："好，就把枪发下去，让法兰西银行的400名职员变成400名武装起来的士兵！普洛克先生，您看——"

普洛克听着，冷笑说："这些武装管什么用？！出了事梯也尔先生那里我们怎样交代？依我看，不妨给暴徒们尝些甜头，让他们提取巴黎市政府名下的900万法郎。其他的，运不出去就汇，不能直接汇凡尔赛，就通过外省银行转汇！"

卢兰拍拍普洛克的肩膀，满脸堆笑说："老弟，亏您想得周到，就这么办！"

第二天，中央委员会委员瓦尔兰奉命来到银行，要求卢兰提供款项，帮助新政权克服财政上遇到的困难。经过再三交涉，卢兰同意支付100万法郎。

过了三天，瓦尔兰又一次来到银行，要求卢兰再支付100万法郎。

这一次，卢兰摇摇头说："法兰西银行已为你们新政权提供了可观的款项，但如果要无限制地提款，那是不行的。瓦尔兰先生，请您注意，我们法兰西银行向来是不过问政治的！"

瓦尔兰反驳说："不过问政治？巴黎人民在挨饿受冻，可是银行却把几十亿法郎藏在金库里，这不是政治吗？卢兰先生，我要提醒您：饥饿并没有解除饥饿的人的武装，他们会懂得如何来解除自己的饥饿的！"

卢兰站起来吼道："请吧，先生，我准备应战！"

瓦尔兰愤然离开银行。当天下午，他带了两营全副武装的自卫军战士来到银行。

卢兰原以为讲几句话就可以吓倒瓦尔兰，不料瓦尔兰竟带来了武装部队，不禁吓得浑身发抖。他赶紧叫普洛克出去应付，自己则偷偷溜出后门，逃到凡尔赛去了。

瓦尔兰腰佩手枪，在一队战士的簇拥下雄赳赳地走进银行大门。

普洛克连忙迎上前来，装出惊讶的样子说："瓦尔兰先生，何必兴师动众，有话好说嘛！来，请里面坐！"

瓦尔兰把手一挥，沉着而又坚定地说："卢兰先生既然准备应战，那就请他出来吧。现在门外有3000名挨饿受冻的人在等着他，请他去见见他们！"

普洛克忙不迭地说："啊，原来如此！卢兰先生也是为了对银行负责，可能辞不达意，说了几句不中听的话，以致闹了点误会。请不必介意，不必介意！"

说罢，他对会计主任说："立即给瓦尔兰先生签发一张100万法郎的支票，并通知出纳主任马上兑现！"

瓦尔兰敢说敢做，斗争取得了胜利。但是，当他回到公社后，却受到大多数公社委员的责难。

尤其是76岁的公社委员、蒲鲁东主义的忠实信徒贝累对他的做法更是反感："公民瓦尔兰，银行是国家的财产，没有银行也就没有工业和商业。如果您对它使用暴力，那么它的所有纸币就将变成毫无价值的东西；如果您想夺银行，那将是对公社以及整个法国工商业的严重打击，意味着国家整个经济的崩溃！"

瓦尔兰反驳说："法兰西银行尽管是一家私人银行，但它历来是各届政府资金周转的重要后盾。今天，它同样应成为公社的经济后盾。如果他们要反抗，我们理应对他们使用武力。"

贝累气急败坏地说："胡说！如果您真这样干，

公社就要完蛋，我坚决不能同意！"

贝累原是资产阶级银行家，革命的洪流把他卷进了巴黎公社，但他维护资产阶级利益的立场始终没有变。在严重的冲突面前，他终于亮出了自己的旗帜。

由于当时公社委员中不少人是蒲鲁东主义的信徒，天真地认为绝对不能触碰银行，更不能没收银行。结果，他们竟任命贝累为驻法兰西银行代表，由他负责公社与银行的一切联系。

瓦尔兰走后，普洛克慌忙派人把印刷钞票的32个钢模秘密运到城外，以便万一公社占领银行时，也无法印刷纸币。

当天晚上，普洛克获悉贝累已被公社任命为驻银行代表，不由欣喜万分。

第二天，贝累来到法兰西银行。普洛克有意让他的400名职员人人手执武器，列队欢迎，他领着贝累从队伍中穿过。

普洛克挽着贝累，边走边亲热地说："贝累先生，您一定不会忘记去年围城期间我们彼此取得的谅解吧！"

原来，普洛克不仅和贝累是同乡，而且曾经在资金周转方面帮过贝累的忙。

贝累觉得以自己现在的身份，不宜同普洛克谈过去那些交往，因此装聋作哑，没有回答。

坐定后，贝累讨好地说："普洛克先生，现在财政部的金库封闭着，可是公社军饷方面的需要又必须满足。看来，银行有被抢的危险，我很担心我对公社的劝阻可能不起作用。"

普洛克冷笑说："您进院子的时候，已经看到了武装人员。我可以坦率地告诉您：一旦银行受到攻击，我们一定会起而自卫的！"

贝累叹了口气说："这样就免不了要流血。为了避免流血，由公社任命一位经理，您看如何？"

普洛克连说："不行，不行！在这里我就是经理，谁也无权剥夺我的权力！"

看到贝累为难的样子，他又转换口气说："如果你们派一位代表来，就像任何股份有限公司里都有的那种代表，那倒可以商量。不过条件是这个代表必须由您担任，并且您的任务只限于保护银行不受抢劫。至于要直接干涉银行的业务，比如了解资金的流动情况，那可永远办不到！因为您最清楚保守这些机密是银行的业务责任！"

贝累听说普洛克承认他的代表身份，心里乐滋滋的，立即点头同意说："那当然，那当然！"

普洛克乘机恭维说："贝累先生，您曾经是一位很有声望的银行家，我对您太熟悉了。我请求您协助我保护这个银行，因为这是祖国的命脉，法兰西的财产啊！"

贝累慷慨激昂地说："您放心吧，普洛克先生，只要有我在，法兰西银行就决不会蒙受灾难。请您同我保持密切的联系！"

不久，公社颁布了一项法令：解散特种连队，并把它编入营队。法兰西银行的武装保卫营属于特种连队，按规定必须解散。普洛克一听急了，立即去找贝累商量对策。

贝累点头说："是的，银行营要解散，但是您是否能找到什么根据拒绝执行这项法令呢？据我所知，1792年曾颁布过一项法令，责成大企业机构的职员在祖国危急的时候要把他们的工作场所看成战斗岗位。这不是保存银行武装最好的根据吗？"

普洛克一听这话，高兴地拍了一下大腿，感激地说："多亏您了。"

普洛克回到银行，从档案中翻出了1792年颁布的那项法令，把它当作反对解散银行营的护身符。

一天深夜，贝累气喘吁吁地赶到银行对普洛克说："我必须紧急通知您：刚才公安委员里果已经向公社提出了公诉状，告发您把法兰西银行的大量钱财通过各种方式汇到凡尔赛去；还说您利用银行窝藏反革命分子和枪支弹药，从事破坏公社的活动，要求立即逮捕您。"

普洛克急得团团转，他矢口否认他曾把银行作为反革命活动的据点。他连连问道："贝累先生，您为什么不解释一下汇款是银行的业务，任何人无权干涉呢？"

"我说了，我说银行有权把钱汇到任何地方，包括凡尔赛在内，这是完全合乎常规的。可您不知道里果精明得很，他说您用钱财资助凡尔赛就是公社的敌人，光凭这一条就得抓起来！"

"您是公社委员，不能帮帮忙吗？如果要花钱，我这里有的是！"

贝累连连摇头说："不行，不行，尽管我是公社委员，但帮不了您的忙；如果您被捕了，我也没有能力使您获释。您快逃吧。"说罢，贝累同普洛克握握手就走了。

普洛克立即藏起来，只是每逢给凡尔赛汇款时才偷偷地上银行去。

一天早晨，普洛克到银行去，忽然发现将近一个营的自卫军战士端着枪把银行包围起来。他赶紧回到家中，派人通知贝累。原来，这些战士不满公社对法兰西银行的温和态度，自动集合起来要搜查银行。

贝累得悉后，慌忙赶到法兰西银行找到自卫军营长，严厉地问："你们这是干什么？是谁派你们到这里来的？"

营长说："谁也没有派我们来。法兰西银行把大量钱财弄到凡尔赛去；还私藏武器图谋不轨，是凡尔赛间谍的集合点。战士们自动集合起来要求搜查！您是谁？"

贝累摆出一副神圣不可侵犯的架势说："我是公社财政委员会委员兼驻法兰西银行代表！我警告你们，没有得到我的批准，不得任意进入银行！"

一位战士走上前来，愤愤地税："公民贝累，我认识您，也投票选举过您，可是您今天的行为辱没了一个公社委员的光荣称号！您维护的不是我们工人、战士的利益，而是资产阶级和凡尔赛的利益！难道您真的希望他们用枪来杀我们吗？"

贝累用手杖敲敲银行的大门，专横地说："公民们，你们的战场在巴黎的大门口，而不是在银行。公社既然任命我为代表，我就有权保护它。在这里，我代表公社，你们谁也无权搜查银行！"

在贝累的全力阻挠下，搜查银行的革命行动被压制下去了。

第二天，贝累听从普洛克的建议，干脆住进法兰西银行，充当这家银行的卫士和代理人。

普洛克在贝累的掩护下，玩弄种种手法，把法兰西银行的巨额资金源源不断地送到凡尔赛去。在整个公社期间，法兰西银行30亿法郎的资产得到了保护，其中2.57亿法郎被送到凡尔赛作为扼杀公社的反革命经费，而公社仅得到1500万法郎！

凡尔赛匪帮进入巴黎后，贝累当了可耻的逃兵，把自己藏起来。公社失败后，普洛克没有忘记贝累对法兰西银行的汗马功劳，协助他逃往国外，甚至亲自护送他到瑞士。

由于公社内部有着贝累这样的资产阶级投降派，以致公社不仅没有没收法兰西银行使它成为无产阶级专政的工具，相反，却让它充当了梯也尔的帮凶，成为资产阶级反对无产阶级的重要工具。恩格斯说：

"公社在经济方面忽略了很多据我们现在看来是当时
必须做到的事情。最令人难解的自然是公社对法兰西
银行所表示的那种不敢触犯的敬畏心情。这也是一个
严重的政治错误。"

　　巴黎公社虽然建立了，但它要同形形色色的错误
思潮做斗争，尤其是蒲鲁东主义。

五、公社新政

（一）建立新型民主政权

1871 年的巴黎公社是一种完全新型的权力机构，正如马克思、恩格斯所指出的："公社的真正秘密在于：它实质上是工人阶级的政府。"这不仅可以从公社领导成员的构成中，还可以从公社在政治、社会、经济等各方面所采取的措施中得到证实。

在政治上，公社推翻了资产阶级的反动统治，打碎了资产阶级的军事官僚国家机器，建立了无产阶级自己的国家。

1871 年 3 月 29 日，第一个公告宣布说："巴黎公社为现今唯一的政权，代表全国人民的意志。凡尔赛政府及其附庸发出的命令或通告，今后对各国家机关的职员一概无效。"

在同一天，公社还宣布废除资产阶级常备军，用人民的武装来代替它。公社规定："除国民自卫军外，任何军事力量，均不得建立或调入巴黎。"

接着，公社又宣布取消旧的警察和官僚机构，解散军事法庭，封闭资产阶级法院，释放在押政治犯。

巴黎公社规定：每个公社委员都分别参加委员会并兼任所属区的区政府领导工作。

这样，公社委员会就彻底废除了由少数人统治的资产阶级的官僚集权制，实行了由多数人统治的无产阶级的民主集中制，所有重大问题一律经过民主讨论作出决议，然后再贯彻执行。

公社对旧社会的官僚特权和独裁专横深恶痛绝，为防止国家干部搞特权和蜕化变质，公社决定废除个人集权制、终身制和等级授职制，实行集体领导制和定期轮换制，规定执行委员会任期一个月，主席任期一周。

公社坚持无产阶级国际主义，反对民族沙文主义，热烈欢迎和吸收外国人参加公社的斗争及公社的领导。与法国工人并肩战斗的有波兰人、意大利人、比利时人、荷兰人、英国人、罗马尼亚人、俄国人、匈牙利人等。匈牙利的优秀工人弗兰克尔担任了劳动和交换委员会的委员，波兰革命家东布罗夫斯基和符卢勃列夫斯基都成为国民自卫军的著名将领和军事指挥官。

尤其具有深远影响意义的是，公社采取了两项果断的措施：

第一，实行普选制、监督制和撤换制。上至公社委员，下至各级行政机构、司法部门、军队、厂矿、企业等，多数领导人均由人民民主选举产生。这就保证了人民把大家信得过的、真正能为人民办事的优秀分子选进各级领导班子，从而彻底打破了"官职终身制"。

第二，公社规定各级干部必须对选民负责，定期向人民汇报工作，并接受群众的监督，要定期改选，对不称职者可以随时撤换。这充分体现了人民管理国家的民主精神和负责精神。

（二）全面改革

公社在建立新型民主政权的同时，还采取了一系列新的社会经济措施，实行了对社会的全面改革。

1871 年 4 月 16 日，公社通过了《关于将逃亡业主所遗弃的工场转交工人协作社的法令》。法令指出鉴于大批工场被业主所遗弃，使许多关系到公共生活的企业生产停顿，影响了劳动人民的生活，为此决定这些工场迅速开工，开工将不指望潜逃的业主而是靠工人协作社的力量。即使逃亡业主回来，也不再归还工场，而由工人协作社给业主一定数额的赎金。

这一法令直接触动了资本主义所有制，具有明显的社会主义倾向，而且实际上成为以后胜利了的无产阶级在必要时对待资产阶级所采取的"赎买"政策的先声。

例如：在巴黎塞纳河东岸有一家军械厂，厂主随梯也尔于3月18日逃到凡尔赛去了。临逃前，他们转移了一部分机器和原料，妄图用工厂停工、迫使工人失业来对抗公社。于是，公社通过了一项法令，决定把逃亡企业主遗下的工厂交给工人管理，成立工人生产协作社，依靠工人自己的力量恢复和发展生产。

工人生产协作社成员和车间工人代表制定了管理工厂的新规章：

工厂坚决服从公社的领导，由公社派一位代表到工厂指导工作；

工人当家做主了，工厂所有领导人员，从厂长、车间主任到工段长，全由全厂工人直接选举产生，不称职的随时撤换；

厂长、车间主任、工段长虽由大家选举产生，但他们也可能犯错误，工人们不能等着他们犯了错误再撤换，要经常帮助他们，提醒他们。为此，由工人选举产生一个工厂理事会，参加理事会的除这些领导人员外，还要有各车间的工人代表。工厂理事会每天开会一次，听取各车间主任的报告，布置一天的工作。

理事会中的工人代表既要支持工厂领导，又要监督他们，并经常向工人报告工作，听取大家意见。总之，要使厂里的一切工作都在工人群众的监督下进行；

为了使领导保持工人本色，不仅要有工人代表监督，而且要像公社委员一样取消高薪。厂长月薪250法郎，车间主任210法郎，工人的最低工资适当提高一些。

过去，有的工人每天上班18至20小时，腰都累弯了，可是每天只开1法郎50生丁。为了一点极小的事情，还要交罚款2～5法郎，有时一天的工资连交罚款都不够。现在，公社颁布了禁止克扣工资和罚款的法令，充分保障了工人的利益。

在这种情况下，工人的生产热情空前提高了，他们纷纷表示："连公社委员也只拿同我们差不多的工资。我们今天是为公社劳动，我们是工厂的主人，应该有个主人的样子！为了保卫公社需要加班时，我们坚决不要加班费！"

工人加班时，工厂领导也都一起参加。

巴黎公社改革了工薪制度，既降低了高薪，又提高了低薪，同时承认工资额的差别，力求使劳动报酬与劳动量相称，并使最高报酬与最低报酬之间相差7～8倍。公社的劳动报酬措施既反对资产阶级的高薪特权，又不同于小资产阶级的绝对平均主义，体现了公社政权对劳动人民物质利益的关心，具有社会主义倾向。

为了维护劳动者利益，巴黎公社改革了劳动立法。

4月20日，执行委员会通过《关于废止面包房夜工制的决定》，一律取消面包房的夜班制。

4月27日，执行委员会又通过《关于禁止任意罚款和克扣工资的法令》，严禁厂主对工人无理扣款和罚金，职工的薪水应全数发放。

为打击承包商用低工资的办法从中剥削，还通过了关于包工合同的法令，宣布"凡是能够直接向工人协会签订的一切包工合同，都要委托给工人协会"。

此外，公社设立了职业介绍所，解决工人的失业问题，尤其重视妇女的劳动就业。

巴黎的房子都是穷人盖的，可全给富人霸占了。穷人只得租房子住，必须交纳高昂的租金。但他们哪里交得起啊，只得把家中能典当的东西都典当了。现在，穷人翻了身，梯也尔的华丽公馆和他的财产全部没收，归公社所有了。

为了让穷人有房子住，公社公布了《房租法令》：

第一条　住宅租户得将1870年10月至12月、1871年1月至3月、4月至6月各季的房租一律免予缴纳。

第二条　在这9个月内租户已付的全部房租抵作将来各季的房租。

第三条　带家具住房的租户免付欠租。

第四条　自本法令通过之日起的6个月内，根据租户的愿望可以废除任何租约。

第五条　根据租户的要求，已经满期的租约期限可以延长 3 个月。

公社还颁布了免除或延期缴纳房租的法令，征用逃亡资本家和官吏的住宅，分配给劳动人民居住。

与此同时，还公布了《典当法令》，规定抵押在当铺里的物品暂停出售，把价值在 20 法郎以下的典当物品无偿归还原主。

公社颁布了关于债务无息延期偿付的法令，规定所有债务的还期一律延长 3 年，不付利息。这就大大减轻了小商人和小业主的债务负担，争取和团结了中小资产阶级。

公社还开办国营商店，其商品价格比私人企业低 1／3 至 1／2，保证物资供应，防止中间剥削。

公社大力改革教育。4 月 3 日，公社颁布了"教会与国家分离"、"取消宗教预算"的法令，宣布教会财产为国家财产，反对宗教教育，取消学校里的神学课程，将教士从学校中清除出去，用世俗教育代替宗教教育，关注学生的道德修养。规定儿童免费入学，还开办职业学校。

公社通过政教分离法令的当天晚上，公安委员会委员兼驻巴黎警察局代表里果带着这份文件来到圣伯纳大教堂。他想听听群众对这个法令的意见，以便考虑实施法令的一些做法。

圣伯纳大教堂离巴黎警察局不太远，走一会儿就到了。

这是一座宏伟的古老建筑物：高耸入云的尖顶，齿状的墙檐，棱形的大门；四周是无数精致的雕像，还有不少高大的壁龛。

自从公社成立后，这里就成了群众集会、活动的俱乐部。教堂里灯火辉煌，人声鼎沸。里果刚一挤进去，就看到一片热烈的景象。祭台上插着一面鲜艳的红旗，把耶稣受难像遮去了大半。一张铺着蓝色台布的桌子放在正中，作为临时主席台。一位身材魁梧的中年工人正在激昂地演讲："公民们，问题很清楚，我们既不需要地主和老板，也不需要神甫和牧师。这些伪善的神甫、牧师都是些游手好闲、招摇撞骗的流氓。这些坏家伙口口声声说天堂好、上帝好，难道他们真的到过天堂见过上帝吗？"人群中立即发出一阵嘘声。

一位背着枪的自卫军战士站起来说："既然他们每天都说天堂好，上帝好，那么我们就打发他们到天堂去见上帝吧！"会场里顿时响起一阵暴风雨般的掌声。

一位瘦骨嶙峋的老妈妈跌跌撞撞地走上祭台，高举双手，用颤抖的声音说："看吧，看吧，公民们，这就是我的两只手！"

全场一片寂静，人们的目光全停在她那双干枯无肉、指甲脱落的手上。

老妈妈继续说："打12岁起，我就用这双手替老板洗衣服。我做了45年的洗衣工,也当了45年的天主教徒。这么多年来,我没有一天停止过洗衣服,也没有一天忘记到教堂做弥撒。老板在经济上盘剥我,神甫从精神上折磨我。他们每年收入四五万法郎,可我一年的工钱不到1000法郎!他们说是魔鬼附上了我的身,要我每天虔诚地忏悔,一刻儿也不要忘记仁慈的上帝!现在我才知道,这全是骗人的鬼话,我再也不上当了!"

说着,老妈妈用发抖的双手把挂在颈上的一只十字架摘下来,向耶稣受难像尽力扔去。

激怒的群众听了老妈妈的控诉,大喊道:"打倒资产者!""把神甫、牧师统统抓起来!"

里果见状,不由得想到:在帝国的反动统治下,谁攻击教会谁就要受到镇压,他自己就曾因为在群众集会上抨击教会,揭露神甫、僧侣的虚伪面貌而被关进监狱。而今天,批判教会的罪恶受到公社的保护和人们的支持,多么令人振奋啊。

里果越想越激动,一下子挤上了祭台。大家见是里果,纷纷投以尊敬的目光。原来,他经常到这里来演讲,人们都很熟悉他。

里果对大家说:"公民们,刚才这位老妈妈说的都是我要说的话,让我再补充几句吧!巴黎共有110个教堂和101个宗教团体,传教士有6000名之多。这些数字告诉我们:巴黎的教堂并不比警察局少,他们的爪牙也决不比警察少。警察们用枪支、棍棒和手铸来镇压我们，而他们则通过传道、教育和慈善事业来毒害我们，欺骗我们。这一切，全是因为历来教会都支持政府，而政府又保护教会，从政治上和经济上支持它，它们谁也离不开谁。它们干着各种肮脏卑鄙的勾当，却让我们用血汗来供养它们。这里还有一个数字：巴黎大主教达尔布阿一年的俸禄是 15 万法郎，也就是说，他一年的收入等于刚才这位老妈妈 150 年辛勤洗衣服的报酬！"

教堂顿时沸腾起来，愤怒的口号声就像大海的怒涛一浪高过一浪："打倒吸血鬼！""逮捕大主教！""要求公社宣布教会不受政府保护！""没收教会财产！把神甫赶出教堂去！"

里果摆了摆手，让大家安静下来，然后拿出文件在头顶上摇了摇，高声说："公社已经考虑了大家的要求，瞧，这就是刚才通过的政教分离的法令，我来给大家读一读：第一条，政教分离；第二条，废除宗教预算；第三条，宣布被认为不能动用的属于宗教团体的动产和不动产为国家财产；第四条，对这种财产立即进行调查，加以统计，并交由国家支配。"

教堂里立即发出热烈的欢呼声："公社万岁！""公社万岁！"

一场群众性的摧毁精神压迫的工具即僧侣势力的斗争在巴黎轰轰烈烈地展开了。

人民群众愤怒地搜查了几十个教堂，并把它们改成了俱乐部和大会堂。主教协会变成了托儿所，几十个反动神甫被拘捕起来。许多神甫吓得藏起来，有的改穿便服逃到凡尔赛去。

公社社会治安委员会作出了拆毁路易十六教堂的决议，把它夷为平地。这所教堂是法国反动资产阶级为早在18世纪末就被巴黎人民处决的皇帝路易十六赎罪而建造的。

人们封闭了蒙马特尔的圣比埃尔教堂，在这里开办了妇女缝制军服的作坊和女子学校，后来又改为供应蒙马特尔高地炮兵弹药的炮弹库。

两名工人勇敢地爬上高高耸立在圣日内维尔教堂人字墙上的铁十字架，把十字架的横臂锯掉，然后在直柱上挂上一面红旗。当红旗升起时，聚集在教堂广场上的自卫军战士立刻举枪致敬，并鸣放礼炮庆祝。

一群反动的教徒冲进正在开俱乐部大会的一所教堂，唱起了《圣母颂》。俱乐部成员引吭高唱革命歌曲，并召来了国民自卫军。在乌黑的枪口面前，这帮反动教徒抱头鼠窜，狼狈而逃。

巴黎人民对反动统治阶级用以进行精神压迫的工具——宗教的冲击，为砸烂旧世界揭开了新的一页！

公社十分注意挑选有知识的世俗教师管理学校，不仅提高教师的政治地位，而且较大幅度提高了教师的物质待遇。通过改革，男教师的平均薪金增加1～1.5倍，女教师提高2～2.5倍，使广大教师从过去受歧视的悲惨境遇中解放出来，受到社会和人民的广泛尊敬，极大激发了他们的事业心和积极性。

例如：国民自卫军营长阿里鲁接受了公社教育委员会指派给他的一个光荣而又艰巨的任务：接管罗林街小学并把它改建为工人子弟学校。他到学校附近的工人住区挨家挨户地访问适龄儿童，动员他们进公社办的学校读书。工人们都热情地接待公社派来的人，争着给孩子报了名。

新建小学的校门口挂起了崭新的校牌，公社委派的校长带来了一批不信教的青年教师。

学校出现了新面貌，被神甫、教士破坏得乱七八糟的校园被打扫得干干净净。

院子里放着洗手用的清水桶，旁边有肥皂、梳子和毛巾。

厨房里几只大锅在沸腾着，肉汤发出扑鼻的香味。原来神甫和教士的餐室变成了学生食堂，整洁的食具等待着新入学的小朋友们。

随着一阵悦耳的钟声，新的一课开始了。教室里窗明几净，墙上原来挂的是木制的基督受难像，现在都换成了一面面红旗，两旁是彩色的法国地图和巴黎地图。

教室的角落里放着动物模型和各种教具。窗上的铁栅已经去掉，阳光洒满了大半个教室。每张课桌上都为学生准备好了课本、练习簿和学习用品。

新的一课开始了，老师对孩子们说："孩子们，你们都是工人的子弟。过去，我们工人子弟没有上学的权利；今天，公社给了你们上学的权利。公社以极大的热情关怀你们，希望你们健康成长，有高尚的品德、伟大的革命精神和丰富的学识。你们不要忘记，当咱们上课的时候，有成千上万的公社社员为了你们的幸福，为了使所有的穷孩子受到教育，正在为埋葬资产阶级的吃人社会而不怕牺牲，英勇战斗。孩子们，你们应该爱护公社，就像公社爱护你们一样！我们年轻的公社还处在敌人的重重包围之中，丧心病狂的梯也尔一刻也没有忘记进攻巴黎。敌人恨不得一口吞掉我们的公社，要我们重过暗无天日的生活。小朋友们，为了保卫公社，我们应该怎么办？"

孩子们争先恐后地回答说："我要参加自卫军。""我要为公社卖报，发传单！""我要给自卫军叔叔送水送饭！""我们每天放学后，就去帮助自卫军和工人叔叔修筑街垒。"孩子们这样说了，也这样做了。

（三）巴黎新貌

19 世纪 50 年代至 60 年代，拿破仑三世为了笼络贵族和资产阶级，曾花费他搜刮而来的 250 亿法郎对巴黎进行改建。在那次改建中，共拆毁了 27000 所旧屋，新辟了 95 公里长的街道，还建造了许多宫殿、花园、剧场、车站、教堂和百货大楼。

拿破仑三世下令在巴黎西部建了贵族区，修了宽达 120 米的大街。在那里集中了装饰华丽的上等商店、咖啡馆和大酒店。每当华灯初上时，那里车水马龙，一片乌烟瘴气，成了一批批达官贵人、高等妓女和纨绔子弟的乐园。

革命前，巴黎有 150 多所妓院，共 12 万妓女。巴黎公社成立后，妓院被取缔了。

过去，巴黎赌场林立，警察熟视无睹。现在，中央委员会下了取缔命令，赌博立即杜绝了。

革命就像一把巨大的铁扫帚，把那些贪官、吸血鬼、寄生虫等社会垃圾统统扫荡，第二帝国时的荒淫无度的巴黎已经消失得无影无踪了。

巴黎回到人民手中后，马上变成了一座朝气蓬勃、紧张战斗的城市。

中央委员会在市政厅门前贴出了一张保护人民安全的布告：任何现行抢劫、凶杀、盗窃行为都处以死刑。

革命的威力无比强大，这张布告贴出后，尽管街道上一个警察也没有，但抢劫、凶杀、盗窃等现象顿时消失了。

巴黎的夜间和白天一样，到处平安无事，秩序井然，街道整洁，市场上食品充足，百姓生活安定。

剧院演出爱国主义的节目，不少音乐会在街头和广场巡回演出，博物馆、绘画展览会照常开放。

通过改革，巴黎面貌焕然一新，巴黎人民广泛地组织革命俱乐部，每天约有 1.5 万到 2 万人参加活动，心情舒畅地讨论国家大事，提出批评、倡议，充分发挥主人翁的监督作用。

巴黎各区建立了妇女委员会，设立了前线妇女救护队，还建立了妇女营。

妇女在俱乐部发表演说，在大街上修筑街垒，在前线冲锋陷阵，在区里开展各项社会服务工作。

巴黎妇女冲破了传统势力的束缚，走出家门，在砸烂旧世界、创建新社会的伟大斗争中发扬了崇高的革命精神。

无产阶级和资产阶级两个不同阶级的专政，带来了两种不同的结果。

拿破仑三世在位时，政府一个部长年俸是 5 万法郎，枢密院委员是 10 万法郎，兼一个职务就兼得一份高薪。拿破仑三世的一个大臣身兼议员、枢密委员、国务参事等要职，每年薪额高达 26 万法郎。拿破仑三世的年薪竟高达 300 万法郎！

拿破仑三世攫取了劳动人民创造的大量财富，除了豢养了 50 万官吏，还设置了大量高薪的闲职。

梯也尔出任总理后，像拿破仑三世一样，给自己规定了 300 万法郎的年俸。这些社会的寄生虫除了高额的官俸外，还享有领取各种津贴、住公家宅第、乘公家马车以及拥有大批侍从的特权。

巴黎公社成立后，巴黎共选出 86 名公社委员。后来，一些资产阶级分子和动摇分子辞去职务，倒向了凡尔赛。到 3 月底 4 月初，只剩下了 64 名公社委员了。在这些委员中，工人以及代表工人阶级利益的几乎占了一大半，而且大部分是国际的会员。过去，他们一面从事革命工作，一面参加劳动，靠微薄的收入来维持生活；现在，革命胜利了，他们专职从事公社的革命工作，究竟应该怎样来确定他们的报酬呢？

为此，公社委员特地召开了一次会议，研究公社委员们的薪金问题。

会上，公社财政委员会委员克雷门特首先发言。他是一位染色工人，从 13 岁起就在染坊当学徒工。长期的辛勤劳动使他早衰，不到 50 岁的人，看上去就像 60 岁以上的人了。他说："过去，政府部门的一些高级职位由于薪金很高，因此有些人千方百计想谋求这些职位。职位越高，薪金越高，钻营的人也就越多。而我们是公社，如果也这样做，公社就会有蜕变成帝国政府的危险。因此，公社必须对公职人员规定一个适当的薪金限额，不管是谁，都不能超过这个限额。"

公社劳动、工业和交换委员会委员弗兰克尔站了起来，表示同意克雷门特的意见。他是匈牙利籍的国际会员，是被选为公社委员的少数几个外国人之一。他说："我们本是工人，现在还是工人，将来仍然是工人。我们参加公社，担任高级领导职务，并不像帝国的官吏那样为了钻营禄位，取得高额报酬，而是为了替工人谋利益。因此，高薪与我们是格格不入的。否则，我们就会失去工人对我们的信任，使我们的事业遭到失败。我提议公社委员的薪金每天十个法郎；兼职的不拿兼薪，年薪最高不得超过 6000 法郎。这样，相当于一个熟练工人的收入，也就可以了。"

会上响起了一片掌声，克雷门特和弗兰克尔的提案立即被通过了。

第二天，公社公布了一项法令："考虑到截至目前，各公共机关里的高级职位由于所得高薪而往往成为钻营的对象，并按谋职者的后台势力来分配；考虑到在真正的民主共和国里，既不应该有高薪的闲职，也不应该有过高的薪额，为此决定：各市政机关职员所得的最高薪金每年为 6000 法郎。"

后来，公社又公布了公职人员兼职不得领取兼薪的法令。

这两项法令，在公社存在的 72 天中得到了认真的贯彻。在国民自卫军里，规定总司令年薪为 6000 法郎，中校为 3600 法郎，少尉为 1800 法郎。在电报局，局长的年薪由原来的 1.5 万法郎降为 5000 法郎，而递送工人的工资则从原来的 800 至 1000 法郎提高到 1400 至 1600 法郎。公社委员、金属雕刻工人泰斯，虽然兼任财政委员会委员和邮政总局局长等高级领导职务，但他只领取公社委员的工资。

公社实行男女同工同酬，教育委员会在一项提高教师工资的法令中规定："女教员同男教员获得相等的薪金。"

上述措施成为无产阶级革命史上的伟大创举，它反映了无产阶级国家同以往一切剥削阶级国家的根本区别，反映了巴黎公社是真正的为人民服务的廉洁政府，也充分反映出这个新型政权的特点。

马克思撰文总结说："从公社委员起，自上至下一切公职人员都只领取相当于工人工资的薪金。国家高级官吏所享有的一切特权以及支付给他们的办公费都随着这些官吏的消失而消失了。社会公职已不再是中央政府走卒们的私有物。"

恩格斯认为这是公社"为了防止国家和国家机关由社会公仆变为社会主人"所采取的一项极为重要的措施。

巴黎公社的新政，正是马克思和恩格斯所苦苦探索的，也是空想社会主义者所难以企及的。

六、公社保卫战

（一）出击凡尔赛

梯也尔为首的反动派逃到凡尔赛后，磨刀霍霍，念念不忘消灭公社，夺回失去的天堂。

为此，他们一面玩弄和谈阴谋，佯装同公社谈判议和，麻痹公社会员，以便争取时间反攻倒算；一面加紧收罗残兵败将，重整军队，拼凑反革命武装，由加利费将军统率，伺机反扑。

1831 年 4 月 2 日近午时分，经过周密策划，梯也尔命令凡尔赛匪军向巴黎进犯。轰轰烈烈的公社保卫战开始了。

敌人最精锐的 3 个旅共 1 万人加上大批骑兵从左

右两侧突然袭击离巴黎西北仅两公里的库尔贝瓦。

库尔贝瓦也译作库尔布瓦，面积 4.17 平方公里，位于巴黎郊区，距巴黎市中心 8.2 公里，是欧洲人口最稠密的地方。公社的 3 个营队约五六百人，凭借一座未修完的街垒掩护，顽强地抗击近 20 倍的敌人。

呼啸着的炮弹落到街垒四周，爆炸时喷发出橙黄色的刺鼻浓烟，弥漫了整个小镇。

敌人企图用优势兵力迅速切断守卫库尔贝瓦的公社战士与巴黎的联系。由于敌我力量过于悬殊，营队密令退守讷伊桥。

讷伊桥是位于讷伊、库尔贝瓦和皮托交汇处塞纳河上的一座公路铁路两用桥，建于 1606 年，为木制结构。1774 年，法国国立桥梁与道路学校创始人佩罗内将其重建为一座 219 米长的五拱桥。这里是进入巴黎的要道，是兵家必争之地。

五个小伙子自愿留下来坚守阵地，掩护撤退。他们每人拿着两支枪交替地射击着，一个个奋不顾身。不久，匪军蜂拥而来，用马刀把他们砍得混身是血，然后押到附近的一座炮台里残酷地枪杀了。

敌人占据库尔贝瓦后，立即架起大炮向巴黎城内轰击，整个巴黎都能听到榴弹的猛烈爆炸声。

紧接着，警报声此起彼伏，集合队伍的鼓声响彻全城。

公社社员纷纷带着武器奔向街头，奔向广场，怒吼道："打到凡尔赛去！""为死难的战友报仇！"

公社执行委员会经过一番激烈的争论，决定兵分三路，出击凡尔赛。

梯也尔任命麦克马洪为总司令，并乞求俾斯麦放回 6 万俘虏，总共调集和整编成拥有 11 万兵力的反革命武装，与德国人联手完成了对巴黎的包围圈。

当天深夜，在旺多姆广场、意大利人广场和马尔斯教场等地集合了近 4 万名公社战士，出击凡尔赛的三支队伍雄赳赳气昂昂地出发，但为时已晚了。

第二天凌晨 3 时，负责从北面出击凡尔赛的贝热瑞将军率领二十军团约 1 万人的队伍，带着 8 门大炮来到讷伊桥。各营排成一路纵队，勇敢地在公路上行进。拂晓，大部队集中在离巴黎约 12 公里的南捷尔镇。

突然，从离这个镇很近的蒙瓦勒里安炮台射来大量榴弹，在密集的人群中猛烈爆炸。顿时，四周燃起了一道道炽热的火光，掀起了一股股巨大的气浪，战士们纷纷被击倒在地，部队遭到严重的伤亡。

这事完全出乎贝热瑞意料之外，因为这个炮台的司令曾经保证在巴黎和凡尔赛之间的战斗中严守中立，可他却倒向了凡尔赛，向公社战士开炮了。

贝热瑞怒火中烧，奔上一个土丘大声命令道："快散开！注意隐蔽！立即用大炮还击！"

自卫军战士奔向榴弹炮，立即向蒙瓦勒里安炮台还击。不料，敌人的几颗炮弹射中了一辆自卫军的弹药车，引起了一连串的爆炸，有几门大炮当场被炸毁了。

军团参谋长、贝热瑞的弟弟不幸在指挥战士疏散时中弹牺牲了，同时牺牲的还有好多战士。

敌人的大炮还在轰击，贝热瑞当机立断，命令各营甩开炮台急速前进。炮台的大炮失去目标，乱轰一阵后便沉寂了。

在离凡尔赛还有一半路程的留厄伊镇，贝热瑞与公社委员弗路朗斯带来的一支队伍会师了。两个指挥官整理了一下队伍，发现只剩下 3000 人，对敌人难以形成威胁了。

贝热瑞问战士们："怎么办？继续前进还是撤回巴黎？"

战士们一夜未睡，眼睛都红了，但他们一个个怀着深仇大恨，毅然决然地回答道："继续前进，打到凡尔赛去！""坚持前进，决不后退！"

贝热瑞见战士们充满必胜的信心，心里火热火热的。他把目光投向弗路朗斯，弗路朗斯脸色严峻，口气坚定地说："只有前进才能胜利！"于是，两位指挥官率领战士继续前进。

突然，前方扬起了一阵尘土，敌军一队轻骑兵迎面冲来，明晃晃的马刀在空中闪闪发光。

弗路朗斯立即命令队伍排成半圆形的散兵线，卧倒在地，等马队逼近，先放出一排枪，然后高举军刀大吼道："杀！杀！"

无数把军刀在飞尘中闪着耀眼的白光，响起铿锵的碰击声。人影晃动，战马悲鸣。不到一分钟，田野上横七竖八地倒下了几十匹血肉模糊的死马和敌人尸体。

这时，又有上万名敌人黑压压地乱喊着蜂拥而来。贝热瑞见寡不敌众，不能硬拼，立即命令队伍北撤。

弗路朗斯和他的副官契普里阿尼带了几名战士留下来掩护。他们边打边退，弗路朗斯和副官隐藏到附近一所旅馆的楼上。疲惫至极的弗路朗斯刚进入房间，便觉得一阵头晕，跌倒在床上。副官取出 20 个法郎给旅馆老板，要他立即去南捷尔镇打听那里是否还有自己的部队。

不大一会儿，一队宪兵冲了进来，后面跟着旅馆老板。宪兵进来，十几把刺刀把副官契普里阿尼捅倒在地。接着，宪兵队队长德马列抽出军刀疯狂地砍下弗路朗斯的头颅，连同遗体一同扔在一辆手推车上运到了凡尔赛。

逃到凡尔赛的高官、贵妇们兴高采烈地买票观看被残杀的弗路朗斯，一个个乐得手舞足蹈。

梯也尔不停地为宪兵队队长德马列喝采，还故作隆重地把一枚勋章挂在他的胸前。

杜瓦尔将军率领的一支 7000 人的队伍从东南向凡尔赛出击，部队没有携带大炮，弹药也很缺乏，必须随时派人回基地补充。当他们行进到离凡尔赛仅五六公里的维拉库勃勒时，遇到了敌人一个师和一个旅共 8000 人的疯狂截击。杜瓦尔没有大炮，同敌人进行了很长时间的散兵战，伤亡惨重，当晚撤回到离巴黎不远的一个高地。敌人紧追不舍，深夜包围了他们。

第二天早晨五点钟，高地和邻近的村庄都被敌人占领了。杜瓦尔所部弹药耗尽，不幸全部被俘。

两列反动骑兵趾高气扬地把他们押到凡尔赛去报功请赏。

国防政府的将军维努亚自 3 月 18 日从巴黎仓惶出逃以来，一直磨刀霍霍，寻机报复。

现在，维努亚是凡尔赛第一军后备军团司令。当他见到这支俘虏队伍时，马上露出凶相，杀气腾腾地问："这里有没有指挥官？"

杜瓦尔立即挺身而出："我是指挥官！"

"叫什么名字？"

"杜瓦尔，公社执行委员会委员！"

维努亚狞笑道："哈哈，公社委员，杜瓦尔先生，你也有今天！给我枪毙！"

"我是杜瓦尔将军的参谋长！"说话的是一个二十来岁的青年。

"我也是指挥官！"一位中年军官高声说。

接着，又有两人说："我是指挥官！""我也是指挥官！"

维努亚一听，声嘶力竭地狂叫道："什么，你们都不怕死吗？枪毙！统统地给我枪毙！"

杜瓦尔把上衣敞开，冷笑一声道："来吧，开枪吧！朝这儿打，公社万岁！"

随着一阵排枪声，响起了从容就义的公社战士们最后高呼声："公社万岁……"

由埃德将军率领的一支从东面向凡尔赛出击的队伍，由于缺乏弹药而撤回城内。这次出击凡尔赛的战斗不幸失败了。

当梯也尔逃到凡尔赛时，手下的反动军队只有15000人，而且士气低落，溃不成军，而整个巴黎有30万同仇敌忾、士气高昂的人民武装，但却固守城内，不肯出击。

马克思指出，中央委员会本来应该立即向当时毫无防御能力的凡尔赛进军，一举彻底消灭梯也尔及其阴谋，可是由于他们过分老实，没有乘胜追击，因而犯了一个致命性的错误。

这次出击是在十分仓促的情况下进行的，军事上缺乏准备。如果在敌人夜袭蒙马特尔时一鼓作气地进军凡尔赛，那情况就完全不同了。

（二）卷土重来

现在，巴黎面临着严峻的形势。它的东部和北部已被15万德军包围。德军占领了这些地区的9个炮台，距巴黎城墙仅一至五公里。城内人口最密集的工人区——蒙马特尔、伯利维尔等地完全处于德军大炮的射程之内，公社的后方是极不安全的。

公社在南部控制着 5 个炮台，其中离凡尔赛最近的是伊西炮台。这个大型多边炮台护卫着巴黎西南的重要门户——圣克鲁门、伊西门、凡尔赛门。通往凡尔赛的铁路、公路全从这附近经过，伊西炮台的得失关系着巴黎的命运。

仅有 600 名公社战士据守伊西炮台，而这里虽然有 50 门大炮，但能使用的不过十几门。

自从 4 月 2 日公社的出击失败以后，梯也尔又从外省陆续调来近 300 门攻城大炮。他决定先摧毁伊西炮台左边的旺夫炮台和右边的伊西公园，使伊西炮台孤立无援，然后拿下它，再从圣克鲁门一带突破缺口，进入巴黎市内。

一切准备就绪，反动派发动了进攻。上百门大炮一齐轰鸣，一颗榴弹命中自卫军的瞭望台，指挥员穆塔的大腿当场被炸断，鲜血染红了他的军裤。由于伤势十分严重，必须立即进行截肢手术。

面对敌人强大的炮火，炮台司令杜福尔决定暂时撤走，一部分战士自愿留下来阻击敌人。

几小时后，一位公社委员带着几个紧急集合起来的连队同撤走的炮手们会合一起，又回到了伊西炮台。

炮台司令在最危急的时刻写报告请求公社表扬第

十五炮兵连的老炮手里沙勒。他已经 70 岁了，在战斗中不幸受伤，可是他不仅不愿离开炮位，甚至拒绝救护员给他包扎。他说："我有空离开这儿吗？"

他一面校正测距，一面严肃地对一位救护员说："我的子女和孙子、孙女有 16 个，他们全在为保卫公社而战斗，我能让他们笑话吗？我决不离开这儿，我要做个样子给他们看！再说，绷带少得很，就留给小伙子和姑娘们用吧！"

一位 40 岁的女救护员腹部受了致命的重伤，却在坚强地安慰她身边哭泣的同事。她说："不要掉眼泪！既然我们捍卫的是这样美好的事业，那就不应该掉眼泪！炮台后面有城墙，城墙后面有街垒，街垒后面有房屋，我们是不可战胜的！公社不是已经宣布了吗？如果我们不幸牺牲了，我们的孩子会得到很好的照顾，他们长大了一定会替我们报仇的。您看，敌人又冲上来了，您快去照顾别人吧！我宁愿牺牲，也不愿落到凡尔赛匪徒手里！"

5 月 9 日清晨，伊西炮台陷落了。伊西炮台仅有的几门破损的大炮立即被匪徒们推上大路运到了凡尔赛，国民议会特地中止了会议，议员们欣喜若狂地来到凡尔赛宫前，列队欢迎他们的爪牙，共庆在伊西取得的"辉煌胜利"。

梯也尔又一次向军官们授勋发奖，麦克马洪元帅——色当的降将，而今的凡尔赛军总司令兼第一军军长则给屠夫们戴红花。

法国与普鲁士的和约，即将在德国的法兰克福正式签订。梯也尔利用伊西炮台的得手，踌躇满志地拜访了德国俾斯麦首相，请德国帮助法国镇压巴黎公社，俾斯麦说："没问题，我们会帮助先生镇压叛乱，因为这种叛乱的蔓延，威胁着整个欧洲的安全。"

5月10日，梯也尔政府与德国正式签订了丧权辱国的《法兰克福和约》，法德反动派公开勾结在一起，要联手扼杀巴黎公社。

《法兰克福和约》签订后，拿破仑三世被释放，随即流亡英国，仍坚持其复辟帝制的活动。1873年1月9日，拿破仑三世病故，享年65岁，这是后话了。

从5月中旬开始，凡尔赛军队紧缩了对巴黎的包围圈。有德国人撑腰，梯也尔公开叫嚣道："我将手持法律进入巴黎。"

自从5月10日法国与普鲁士正式签订屈辱的《法兰克福和约》以来，梯也尔又从各地军火库调来了400门大炮，其中主要是海军炮和攻城炮，还运来了近35万发炮弹。这样，凡尔赛方面就集中了13万人的兵力，平均在巴黎城郊每一公里的攻击线上摆下60门攻城大炮和25门野战炮。

与此相反，公社防守巴黎外围的兵力非常单薄。由于战线长，兵力分散，伤亡得不到补充，到5月中旬最后一天，公社在西线和南线的全部兵力只剩下18000人，即平均每个战士要抵抗七八个凡尔赛士兵。

在敌人重炮的猛烈轰击下，自卫军浴血奋战，坚强不屈的公社战士不断倒下。

在塞纳河上护卫圣克鲁门一带的公社炮舰"长剑号"被敌人的炮火击坏，水兵们仍视死如归。大家站在甲板上齐声高呼"公社万岁"，随炮舰一起沉没。这样，圣克鲁门一带防守力量更为薄弱，几乎派不出部队防守城门了。但是，胆小如鼠的凡尔赛匪帮还是不敢冲进城内一步。

由于内奸告密，梯也尔弄清情况后，杀气腾腾地向值勤军官口授命令："立即向德军指挥部发报，我军已进入巴黎，请他们按原定计划协同作战，实行全面封锁。命令凡尔赛后备军立即全部出动。命令杜埃将军进入巴黎后，要不惜一切代价站稳脚跟，快速推进，没有必要去考虑城内的建筑和居民的安全。命令其他各军尽快攻破其他城门，每小时向我报告一次。再向各省省长发出通电：巴黎已经全面崩溃，政府军将在 24 小时内平息叛乱，恢复秩序；重申我将手持法律进入巴黎！"

不久，圣克鲁门陷落的消息首先传到了西线防区最高指挥员、波兰籍的公社委员东布罗夫斯基将军那里。他听完报告后，沉着地对一名军官说："您立即到海军部去调一个七磅炮队来，由我亲自指挥。"接着又向公社发出急电，同时派遣一个志愿兵营立即去圣克鲁门截堵进城的敌军。

东布罗夫斯基在圣克鲁门通往市区的路上早就埋

好了大批地雷，这是敌人所不知道的。因此，当凡尔赛的第一批士兵一进入布雷区，立即被炸得粉身碎骨，血肉横飞。这时，杜埃已接到了梯也尔要不惜一切代价进入巴黎的命令，于是严令骑兵向城内冲去。

第二天拂晓，敌人占领了 3 个城门，12 个师近 10 万敌军涌进了巴黎西南地区，炮弹雨点似的落到了市区中心，红色的革命政权已处于极端危急的关头。

（三）流血的一周

巴黎人听到城外隆隆的炮声和密集的枪声，纷纷走上街头。街垒像雨后春笋般地迅速从地下生长出来，五百多个街垒成为埋葬敌人的五百多座坟墓。铺路石、沥青、大树、沙袋和木桶堆满了街道和广场。妇女、少年推着手车，从公园里运来了泥土和树干。许多孩子拿着同他们一样高的铁锹和铁铲修筑工事，有些孩子则从家里搬来了被褥和家具。骑马的传令兵在街垒间穿梭似的飞奔。入夜，街垒上燃起了耀眼的火炬和篝火。

从 5 月 21 日至 28 日，巴黎公社的优秀儿女同敌人进行了举世闻名的街垒战。这一周是奋战的一周、流血的一周！

在蒙马特尔区，集合鼓响了整整一夜，老人、妇女和孩子们都跑了出来。守卫红色高地的部队不过三四百人，他们在这里已经坚守了两昼夜，但仍然精神振奋，斗志昂扬。

清晨，初升的太阳和新鲜的空气给高地的守卫者增添了朝气。高地的北面就是城墙，城外是德军的防区，因此没有设防。战士们都熬红眼睛，警惕地注视着南面敌人进犯的动静。

突然，离高地西北约一公里的圣乌昂门敞开了，从那里冲进来大批凡尔赛分子。原来前一天晚上，德军根据他们与凡尔赛军共同镇压公社的秘密协定，把受他们控制的中立地带交给了麦克马洪的第一、五两个军团。这样，蒙马特尔高地立即受到敌军西北和西南两方面的夹攻。

敌第五军团在推进到离蒙马特尔高地 500 米的克里希广场时受阻了，50 名公社战士凭借一座街垒和两门速射霰弹炮进行了顽强的抵抗。炮弹和子弹很快就打完了，战士们开始投掷石块和沥青。

30 名战士壮烈牺牲后，20 名受重伤的战士坚决不投降。凡尔赛分子冲进街垒，把他们全部枪杀了。

蒙马特尔高地的右翼失去了掩护，从西南通往山岗的大门敞开了。麦克马洪动用最精锐的部队来对付这个有名的高地。他们的兵力是高地兵力的五十倍。然而，每当高地射来一颗子弹时，整个军团就惊慌失措地停了下来。

麦克马洪严令第五军团长用大炮把高地夷为平地。据守高地的战士除少数突出重围外，其他的都牺牲在敌人的炮火下。这个通常只需要几分钟就能上去的山岗，凡尔赛分子却足足花了三个小时才把它占领。

蒙马特尔高地是 3 月 18 日起义的策源地，敌人对这里的人恨之入骨，这里的每个人都被凡尔赛分子看成罪犯。凡尔赛士兵到处杀人，用来祭奠两个半月前被处决的勒康特和托马的阴魂。

42 个男人、3 个妇女和 4 个孩子被凡尔赛分子押到高地附近的一所住宅前，一名军官命令他们脱帽，在两个反动分子被枪决的墙脚前跪下忏悔。

这时，一位抱着孩子的妇女突然对她的同伴喊道："光荣的公社社员们，咱们谁也不能跪下！让这些坏蛋看看咱们是能够站着死的！"

她跑到人群前面，把怀里的孩子放下，让他挺立着，然后神色严峻地对孩子说："听着，举起右手，跟妈妈喊公社万岁！"

接着，她满眼怒火，指着面前的敌人说："坏蛋，公社社员宁死不屈，开枪吧！公社万岁！"

年幼的孩子举起小手，用清脆的声音喊道："公社万岁！"

凶残的军官下令开枪，勇敢的妇女和她的孩子倒在血泊中。

站在她后面的公社社员迅速地跑上前去，挺起胸来向托着枪瞄准他们的刽子手们喊道："开枪吧，我们不怕死！公社万岁！"

蒙马特尔高地失守后，敌军迅速向南推进，公社的心脏——市政厅在危急中。

公社军事代表德勒克吕兹命令布律涅耳负责保卫从西北通往市政厅的重要路口——协和广场。

协和广场是巴黎最著名的广场之一。它的四周是8座巨大的雕像，用以代表8个在法国历史上曾起过重要作用的城市。广场中心矗立着一座高达22米的方尖石塔。这座石塔是从埃及运来的，已有3000多年的历史，塔上还镌有1600个古埃及文字。在18世纪末法国资产阶级革命的年代里，巴黎人民在这座塔下绞死了法国皇帝路易十六和他的皇后。现在，这里重重叠叠地堆满了沙袋和石块；一座沿着塞纳河岸修筑起来的巨型多面堡严密地封锁着直通市政厅的滨河街的入口。布律涅耳在这一带的阵地上总共配置了12门大炮。

布律涅耳在一座斜着切断街道的街垒里指挥作战。敌人发起了十几次冲锋都被击溃后，便设法占据了两侧的几幢房子，从阳台上、百叶窗里向公社战士打冷枪。许多街垒战士牺牲了，但大家仍紧紧依着沙袋，向房子里露头的敌人射击，敌人立即龟缩进去。

"害人的房子！"布律涅耳愤恨地诅咒着。公社成立的那天，他拿着军刀调动游行队伍时，亲眼看到这些房子的阳台上和窗口里都挂着红旗，挤满了热烈欢呼的人们,可现在这里却喷出了屠杀公社战士的火焰!

一想到"火",他顿时兴奋起来,"对,想办法把这些害人的房子烧掉!"

布律涅耳命令身旁的一名战士去放火烧毁隐藏敌人的房子。那名战士才冲出去就中了一枪,无力地倒在布律涅耳身上。

这时,有4个战士激动地要求为死难的战友报仇。他们箭也似的飞奔出去,很快街垒前侧的房子冒起了熊熊烈火。惊慌失措的凡尔赛分子有的在逃出门时被打死,有的从窗口跳下来摔死,有的乖乖地当了俘虏。

敌人集中了80门大炮更加疯狂地轰击布律涅耳的阵地,以图打开通往市政厅的突破口。街道被炮弹炸得就像用大批犁铧耕过的田地,完全翻了个儿。

协和广场面目全非,几乎被雕像、喷泉和街灯柱的碎片埋起来了。

公社战士伤亡过半,但为了保卫市政厅的安全,战士们坚决顶住敌人的进攻,像用钉子钉在那里似的,没有一个人后退。

傍晚,在布律涅耳阵地的上空升起一柱柱黑色的浓烟,间或夹着耀眼的红光。土伊勒里宫、参议院、商业法院等都燃烧起来了。巨大的拱形圆顶和兀立的尖顶纷纷坠落,一排排长齿般的墙壁纷纷倒塌。随着爆裂声,炽烈的火焰从几百个窗口喷射出来,把塞纳河映得通红。市政厅的正面也被这些火焰映红。

格雷夫广场上的铺路石全被掘了起来，守卫市政厅的一个6米高、附有堑壕和射击孔的街垒在几小时内就修起来了。各大厅一片紧张忙碌，熙熙攘攘的人们来往不绝，两个大理石楼梯挤满了人。裹着军毯、躺在鲜血染红了的垫褥中的战士占满了各个走廊。

布律涅耳大步赶来，挥动着手里的纸大声问道："军事代表为什么命令我从协和广场撤走？我们已经守了两天两夜，大家士气正旺，谁也不愿撤走。我们还能守下去！"

德勒克吕兹用亲切的眼光注视着这位刚毅的街垒战士，柔声说："我知道你们还能守下去。但现在敌军已从南北两面向市政厅围攻，你们随时有被他们切断包围的危险，因此你们还是撤到第二线来吧。"

布律涅耳握了握德勒克吕兹的手，心情沉重地说："您说得对，军事代表！我坚决执行命令！"说罢，他迈开大步就走。

德勒克吕兹望着布律涅耳的背影，心绪万千。他决心誓死保卫公社，坚守市政厅，于是召集留在市政厅里的十几位公社委员商讨决策，大部分公社委员主张放弃市政厅，回到自己所在的区去指挥作战。德勒克吕兹坚决反对，认为这样会分散兵力，挫伤士气，影响斗志，但回区的提议还是被通过了。

德勒克吕兹十分沉痛地说："我执行公社的决议，但我建议每个公社委员必须系上自己的绶带到街上去战斗。我们曾经系着绶带在这幢大楼门口检阅自己的队伍，同他们一起欢庆公社的成立；今天，也应该系着绶带和他们一起为保卫公社而战，直至献出生命！"

他的这个提议被通过了。半小时后，市政厅顶端的红旗慢慢降下来。降旗的一名战士把它紧紧裹在身上，表示要保卫它到最后一分钟。

钟楼上突然冒出火焰，不多久整幢大楼变成了一团烈火，旋着上升的浓烟笼罩着巴黎的市中心。

巴黎人民曾经依靠自己的力量在这里进行过许多次斗争，但不久又总是在这里被反动的资产阶级用霰弹击倒。现在，这座古老的大厦被它真正的主人亲手焚毁了。

公社委员和战士们紧握枪支，忍住热泪，看着它轰隆隆地倒下来。

敌人的包围圈越缩越小，到 5 月 26 日，公社战士仅据守着市东北的三四个区了。就在这危急时刻，凡尔赛分子穿过德军在巴黎东北的防线，进入市内截堵和屠杀公社战士。

全副武装的德国军队严密封锁着公社战士唯一的退路——罗曼维耳门。几百名没有武器的妇女、孩子一冲出罗曼维耳门，就立即受到普军岗哨的枪击，不得不退回城内。

公社委员瓦尔兰接替了德勒克吕兹留下的职务——军事代表。尽管公社已经处于失败的前夕，但他还是以无比勇敢的革命精神鼓励大家说："是的，如果凡尔赛胜利了，公社将被镇压，我们将被活活地切成碎块。但是历史将会作出结论：公社拯救了法兰西，胜利最后必将属于我们这些普通的工人。"

公社最后的军事指挥部设在市区东面离城墙不到500米的阿克索街，离指挥部很近的一块高地——拉雪兹神甫墓地成为阻挡敌人进攻的前哨。在这里，公社战士同凡尔赛分子展开了一场殊死决战。下午4时，激战开始了。不到200名的公社勇士奋力抵抗着维努亚军团5000人的疯狂进攻。

掩护公墓的一座街垒很快陷落，榴弹在墓地上到处爆炸，埋在地下的棺木和陈腐的尸体被翻到了地面上。战士们的炮弹早已打完了，他们便以大炮为掩体，用步枪射击敌人。

傍晚时分，公墓大门被炸开，凡尔赛匪军冲进了墓地。

英勇的战士寸土不让，以坟墓前巨大的石碑为掩护继续射击，并在坟墓间同敌人展开白刃战；身负重伤的战士勇猛地抱住敌人，一起滚进被炸开的坟穴；最后的一批战士在一堵墙前惨遭杀害。

第二天，又有147名公社战士被押到公墓的围墙前杀害。他们在临刑前呼喊的是同一个口号："公社万岁！"

后来，巴黎人民在这里建了一座纪念碑，上面是这次大屠杀场景的大型浮雕。这就是著名的"公社社员墙"。

公社的最后一座街垒陷落了。一位公社战士独自勇敢地捍卫着这座街垒达一刻钟之久，曾三次把凡尔赛分子插在离他不远的一面军旗打得粉碎。最后，他在大批敌人的合围中机智脱身，安然撤走。

公社的最后一颗炮弹也发射出去了。两名战士在炮膛里装填了双倍的炸药，随着一声巨响，巴黎公社发出了最后的怒吼！

这是巴黎无产阶级和革命群众最沉痛的日子：1871 年 5 月 28 日。

再说 5 月 23 日凡尔赛军从三面向公社最重要的阵地蒙马特尔高地进攻时，公社战士进行了英勇顽强的抵抗，使敌军每前进一步都要付出重大的代价。公社女英雄路易丝·米歇尔领导妇女营同来犯的敌人英勇搏斗，牵制敌人达数小时之久。公社的著名将领东布罗夫斯基也亲临最危险的地带组织防务，并严词拒绝敌人用 150 万法郎的重金对他的收买，继续指挥战斗。后来，他不幸腹部中弹，牺牲时年仅 35 岁。

5 月 24 日，战斗异常激烈，战场集中在市政厅周围。公社社员顽强地阻击敌人向市政厅进逼，多次击退敌人的进攻。年轻的公社检察长里果率领一队国民自卫军到监狱把一批罪大恶极的反革命分子处决后，便奔向街垒，与敌人作殊死决斗。不久，他被旅店主出卖，不幸被捕。匪徒们逼他喊"凡尔赛军队万岁"，他却高呼："公社万岁！打倒杀人犯！"最后，他被反动派杀害，牺牲时年仅 25 岁。激烈的战斗持续了一天，晚上，市政厅被反动派攻占。

5月25日，激战的重心移向巴黎城东工人区。在沙托·得奥广场，战斗进行得特别激烈，德勒克吕兹、泰斯、龙格等许多公社委员都在这里为保卫公社作殊死斗争，德勒克吕兹在伏尔泰路的街垒上光荣牺牲后，公社任命瓦尔兰为军事代表，指挥最后的战斗。

5月26日，战斗主要在11区的圣安东和12区的贝尔西进行，尤其是巴士底狱广场和文新车站的战斗最为残酷，公社战士誓死保卫公社，守卫在达利格勒和克罗查提街垒的100名公社战士全部壮烈牺牲。一名公社老战士不幸被俘，敌军官想把这位老战士拉到垃圾堆上枪毙，老人巍然不动，自豪地说："我勇敢地进行了战斗，我有权利不死在垃圾堆上。"

5月27日，公社只剩下19区（伯利维尔区）和20区（麦尼尔蒙坦区）两个工人区。幸存的公社战士主要集中在肖蒙高地、伯尔维尔高地和拉雪兹神甫墓地，瓦尔兰身先士卒，奔走于街垒之间，指挥并参加战斗，每条大街，每个街垒，每座房子里，公社战士都在同敌人拼搏。守卫肖蒙高地的战士们同比自己多20倍的敌人决战，直至高地失陷。

5月28日，公社还残存着伯尔维尔高地约4平方公里的地区。公社战士在瓦尔兰指挥下继续坚持战斗，没有低头，没有屈服，一直奋战到底。

下午3时，公社的最后一个街垒被敌人攻破。傍晚，杰出的公社活动家瓦尔兰被一牧师出卖而被捕。他遭到惨无人道的折磨和游街示众达数小时之久。瓦尔兰的一只眼珠被挖出，浑身被军刀砍伤，无法站立，但他宁死不屈，并以极大的毅力顽强地站起来连声高呼："公社万岁！"最后，他壮烈牺牲，时年32岁。

巴黎无产阶级并没有被敌人的屠刀吓倒，他们在监狱、法庭、刑场、流放所里继续斗争，歌颂公社的正义事业。

巴黎陷落后，麦克马洪元帅佩戴了他的全都勋章，在大批卫队保护下，骑着一匹高头大马，耀武扬威地进入了巴黎城。

他向副官口授了一道命令：立即向全市居民宣布，政府军已回到巴黎，战争已在今天结束，秩序、工作和安宁将要恢复了。

公社已被镇压，战争已经结束，但凡尔赛分子的大屠杀却开始了。

凡是身穿国民自卫军制服的、肩上有枪带痕迹的、两手肮脏粗糙的一律被杀害。只要从民房中射出一粒子弹，整幢房子的全部居民就会被枪杀。

公社处决巴黎大主教的那个监狱成了杀害公社社员的屠杀场。一个反动营长站在门口检查俘虏，什么也不问，只是说"左边"或"右边"，走到左边的人立即枪决。这里头几天运出的尸体就达1900具，有一夜竟枪杀了1300人。监狱的下水道整日整夜地流着英雄们的鲜血。

在离市政厅不到一百米的一个兵营，流出了一条条血渠，淌过滨河街注入塞纳河，把几百米的河水都染红了。

凡尔赛分子连孩子们也不放过。一天，4个警察押着6个6～12岁的小孩子走进兵营予以枪杀，举枪的时候凶狠地说："长大后就是暴徒！不能不杀！"

公社在起义后曾经把各处城门洞开，允许凡尔赛分子自由出入；可是现在敌人却紧闭了巴黎的近50个城门，逮捕和杀害留在城里的公社社员。

18世纪末资产阶级革命时，巴黎被杀的不过5000人，而现在却有3万多名公社社员惨死在凡尔赛分子的屠刀下。资产阶级对试图建立无产阶级专政国家的工人阶级，就是这样残酷无情地加以报复和镇压！

大屠杀从流血周开始，一直延续到6月份。整个巴黎尸横遍地，大街上、公园里、广场上，尸体成堆，满城血流成河，臭气熏天。

因为尸体太多，当局调动了各种车辆来搬运，而这些尸体又无处掩埋，于是就把这些尸体运到芒柏尔纳公墓的许多大石灰坑里。有好多人并没有死，但都被活埋了。即使这样，尸体还掩埋不完，于是就把许多尸体焚化，由于没有足够的通风，尸体就烧成了粥状。由于杀人太多，腐败的尸体到处散发出臭气，巴黎开始出现瘟疫了。

公社失败后，法国资产阶级疯狂地迫害幸存的公社社员，并要求欧洲各国政府引渡逃亡到国外的公社社员。各国反动派都把公社社员诬蔑为杀人放火的罪犯。于是，一时间掀起了一股围剿公社战士和国际会员的恶浪。在这一形势下，为了维护公社和公社战士的荣誉，马克思和国际总委员会公开表示站在战败的公社一边，并对诬蔑公社和公社战士的言论进行了驳斥。同时，国际总委员会还按非常选举程序立即补选了公社领导人龙格、瓦扬、泰斯为国际总委员会委员，在政治上有力地捍卫了公社的政治地位和公社战士的声誉。

为了表示对巴黎公社的敬意，缅怀公社革命先烈，继承公社革命传统，在巴黎公社革命一周年之际，第一国际总委员会决定将 3 月 18 日定为国际无产阶级的光荣节日。

1872 年 3 月 18 日，国际总委员会和马克思在伦敦组织了纪念巴黎公社一周年大会。

在这次大会上，弗兰克尔、朗维耶、埃德、泰斯等公社流亡战士受到了英国工人的热烈欢迎。

马克思在他的名著《法兰西内战》中，对巴黎公社起义作了科学的总结。

1891 年，在纪念公社 20 周年准备出版《法兰西内战》的德文版时，恩格斯写了长篇《导言》，对公社的成败教训作了重要补充。

马克思、恩格斯在各自的论述中，明确提出了无产阶级要取得解放必须在革命政党的领导下，打碎旧的国家机器，夺取领导权，建立起由人民当家做主的真正民主的政府。

马克思、恩格斯根据公社的实践总结出来的这些宝贵经验，又一次丰富和发展了马克思主义的学说。

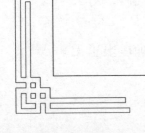

七、传递巴黎公社社员心声的 《国际歌》

（一）鲍狄埃为《国际歌》作词

公社虽然失败了，但公社的优秀儿女并没有被敌人的屠刀吓倒。他们擦干了身上的血迹，依靠人民群众的智慧和力量，设法离开白色恐怖笼罩下的巴黎，转入地下，准备新的战斗。

55 岁的公社委员欧仁·鲍狄埃怀着满腔仇恨，隐蔽在巴黎近郊工人区的一个朋友家里。

鲍狄埃生于巴黎工人家庭，父亲是包装工人，母亲是洗衣工，从小饱尝饥饿和失学的痛苦。他常常自学，尤其喜欢诗歌。

13 岁那年，鲍狄埃随父亲去包装厂包装箱子，以后又当过纸店伙计和绘制印花布图样的技工。

1830 年 7 月，巴黎人民举行了英勇的武装起义，推翻了贵族地主阶级专制的波旁王朝。那时，鲍狄埃不过 14 岁。起义开始后，他高喊口号："打倒波旁！自由万岁！"一再要求参加街头战斗，因为年纪太小而被劝阻。他怀着激昂的心情写了一首《自由万岁》的诗鼓舞大家的斗志。这是他生平创作的第一篇诗歌。

第二年，年仅 15 岁的鲍狄埃出版了他的第一本诗集《年轻的诗神》。

1848 年 6 月，巴黎工人又一次发动了武装起义，并在全城筑起了 600 座街垒。45000 名起义者同 25 万反革命武装进行了 5 天的浴血战斗。

鲍狄埃亲身参加了这场斗争，他既是一位无畏的街垒战士，又是一位勇敢的天才的革命诗人。

1865 年初，马克思、恩格斯领导的国际工人协会在巴黎成立分会，鲍狄埃把五百多名绘制印花布图样的工人组织起来，成立支部，加入了第一国际。

普法战争后不久，巴黎在 9 月 4 日爆发了革命，资产阶级在窃取政权后投降卖国，鲍狄埃义愤填膺，写了《自卫吧，巴黎》等许多革命诗篇，动员人民反对投降，抗击侵略者，成立一个红色的公社。

公社成立后，鲍狄埃被选为公社委员。在 3600 张选票中，有 3352 张票是选他的。

鲍狄埃担任公社社会服务委员会委员，又负责工人协会联合会和艺术家协会联合会的领导工作。他把自己的全部精力献给了无产阶级，献给了公社，成为一名坚强的革命战士和贡献突出的领导。

5月21日凡尔赛分子进城后，鲍狄埃始终和战士们一起在街垒中并肩战斗。

5月30日这天，掩护他住在家里的基特递过一张报纸说："看，敌人又在瞎吹了，说您已经被处死了！"

鲍狄埃接过报纸一看，上面印着一行黑体大字："公社罪魁欧仁·鲍狄埃已于昨日执行枪决。"

鲍狄埃悲愤地说："是的，他们是在瞎吹，但也并不完全瞎吹，我们有多少战友被他们杀害了啊！"

基特点点头说，"听城里来的人说，瓦尔兰也牺牲了！28日那天，他被一个穿便服的牧师认出来而被捕。凡尔赛分子把他在街上拖了几个小时，头上被刀砍得血肉模糊，然后用枪杀害了。真是英雄啊，他中了枪还英勇地站起来，举起拳头高呼：'公社万岁！'鲍狄埃，我们还要继续战斗！我们还有武器吗？"

鲍狄埃眼眶里充满泪水，回答道："有，我们有武器！"

说罢，他快步奔到桌前，提起笔来，略为构思，文思泉涌，一首震撼世界的《国际歌》问世了：

起来，饥寒交迫的奴隶，

起来，全世界受苦的人！
满腔的热血已经沸腾，
要为真理而斗争！
旧世界打个落花流水，
奴隶们起来起来！
不要说我们一无所有，
我们要做天下的主人！
这是最后的斗争，团结起来到明天，
英特纳雄耐尔就一定要实现。
这是最后的斗争，团结起来到明天，
英特纳雄耐尔就一定要实现！

从来就没有什么救世主，
也不靠神仙皇帝。
要创造人类的幸福，
全靠我们自己！
我们要夺回劳动果实，
让思想冲破牢笼。
快把那炉火烧得通红，
趁热打铁才能成功！
这是最后的斗争，团结起来到明天，
英特纳雄耐尔就一定要实现。
这是最后的斗争，团结起来到明天，
英特纳雄耐尔就一定要实现！

是谁创造了人类世界?

是我们劳动群众。

一切归劳动者所有,

哪能容得寄生虫!

最可恨那些毒蛇猛兽,

吃尽了我们的血肉。

一旦把它们消灭干净,

鲜红的太阳照遍全球!

这是最后的斗争,团结起来到明天,

英特纳雄耐尔就一定要实现。

这是最后的斗争,团结起来到明天,

英特纳雄耐尔就一定要实现!

两天后,鲍狄埃告别基特,流亡到了英国。过了两年,他又从英国流亡到美国。

在流亡国外的 9 年间,鲍狄埃没有停止过战斗,先后写了《难道你一点不知道吗?》、《白色恐怖》、《美国工人致法国工人》、《巴黎公社》等诗篇,号召人们了解和支持公社的革命事业,鼓舞工人阶级为解放而斗争。

1880 年,法国资产阶级政府迫于国人的压力,不得不宣布大赦流亡在国外的巴黎公社社员,鲍狄埃这才又回到巴黎。

64 岁的鲍狄埃回国后,加入了在马克思、恩格斯支持下建立的法国社会主义工人党,并继续用诗歌参加战斗，写下了《纪念一八七一年三月十八日》等革命诗篇。

1887年11月6日，为无产阶级革命战斗一生的鲍狄埃因患疯瘫在巴黎逝世，终年71岁。

战友们把鲍狄埃的骨灰送到拉雪兹神甫墓地，与牺牲的公社社员葬在一起。

在鲍狄埃墓前，有一个打开着的书本形状的石碑，上面刻着《革命歌集》几个字。

《革命歌集》于鲍狄埃逝世前不久出版，收载了气势磅礴、震撼世界的《国际歌》。

成千上万的群众高举红旗参加鲍狄埃的葬礼，与抢夺红旗的警察进行了激烈的搏斗，并且纵情高呼："鲍狄埃万岁！"

（二）狄盖特为《国际歌》谱曲

狄盖特生长在法国北部里尔的一个工人家庭里，刚满7岁就做了童工。长大后，当过家具工人、雕花工人和铸模工人。他自幼爱好音乐，15岁起在里尔一所音乐学校举办的夜校里听了两年课，从此开始练习作曲。他常带着乐器到酒馆和大街上为工人们演唱。

巴黎公社成立那年，他23岁。听到巴黎工人武装起义的消息，他非常激动，约了几个工人冒险长途跋涉，想进入巴黎亲身参加革命，但普军的封锁线挡住了他们的去路。

回到里尔后，狄盖特参加了法国社会主义工人党，积极投身工人运动，并利用业余时间从事革命歌曲的创作活动。

狄盖特非常喜爱鲍狄埃的诗歌，曾找到鲍狄埃的一首诗——《起义者》，立即兴奋地为它配上曲谱，在工人合唱团中练唱。不久，这支歌曲便传遍法国，引起了重视。

鲍狄埃逝世不久，一天，法国社会主义工人党里尔地区负责人勃里埃找到狄盖特，送给他一本《革命歌集》。有了鲍狄埃的诗集，就能为他更多的诗歌谱曲，狄盖特别提有多高兴了。

这天深夜，狄盖特钻进闷热潮湿的小屋里，点起一支蜡烛，在荧荧火光下仔细阅读《革命歌集》。他被诗歌中的豪迈气概和革命激情深深地打动了。

突然，《国际歌》三个字映入狄盖特的眼帘，他一口气把这首诗读完。这时，他觉得全身热呼呼的，一支低沉雄壮、威武豪迈的旋律像怒涛一样从心底涌出。他一下冲到他那架简陋的风琴前，将心底涌出的旋律弹了又弹，觉得词曲吻合，如水乳交融一般，便立即写在纸上。

第二天散工后，狄盖特征求了工友们的意见，作了最后的修改。从此，一支有词有谱的《国际歌》正式诞生了。

《国际歌》被译成多种文字在世界各地流传，成了各国无产阶级和劳动人民普遍传唱的革命战歌。

1913年，列宁为纪念鲍狄埃逝世25周年，特地写了《欧仁·鲍狄埃》一文，对《国际歌》的巨大影响作了深刻的阐述："一个有觉悟的工人，不管他来到哪个国家，不管命运把他抛到哪里，不管他怎样感到自己是异邦人，言语不通，举目无亲，远离祖国，——他都可以凭《国际歌》的熟悉的曲调，给自己找到同志和朋友。"

巴黎公社虽然被镇压了，但是，巴黎无产阶级为保卫公社所表现出来的英勇不屈和自我牺牲精神随着《国际歌》传遍了全世界，并永垂青史！

八、巴黎公社的历史意义

　　巴黎公社在历史上虽然只存在了 72 天，极其短暂，但它作为人类历史上第一个无产阶级和劳动人民的民主政权，无论在世界近代史上和国际共产主义运动史上，还是在马克思主义发展史上，都占有极其重要的历史地位，具有巨大而深远的历史意义。

　　巴黎公社的建立是对资本主义世界的第一次沉重打击。

　　在世界近代史上，1871 年巴黎公社建立以前是资产阶级革命和资本主义制度确立时期。在这期间，无产阶级虽然进行了多次试图推翻资产阶级统治的革命和斗争，并在不同程度上打击了资本主义制度，但在历次斗争中都失败了。无产阶级不仅没有建立起自己的政权，而且也没有推翻资产阶级的统治。但是，在 1871 年法国革命中，巴黎无产阶级不仅推翻了资产阶级的政权，而且建立了无产阶级和劳动人民自己的政权，这就是巴黎公社。

巴黎公社的出现是对资本主义制度的彻底否定，标志着在世界史上资本主义已经开始衰落，而无产阶级社会主义革命时期即将开始了。因此，马克思在《〈法兰西内战〉初稿》中说：巴黎公社是 19 世纪社会革命的开端，是无产阶级由败转胜的开端。

巴黎公社是国际共产主义运动史上无产阶级专政的第一次尝试，它解决了用什么来代替被打碎的旧的国家机器的问题。1848 年，马克思、恩格斯在《共产党宣言》中提出了无产阶级必须用暴力推翻资产阶级，建立自己的统治即建立无产阶级专政的思想。通过总结 1848 年欧洲革命的经验，马克思又提出了无产阶级必须用暴力打碎资产阶级国家机器建立无产阶级专政的原理。但是，在 1871 年巴黎公社之前，关于怎样具体地打碎旧的国家机器，打碎以后用什么东西来代替，无产阶级统治采取什么样的具体形式等问题，在实践上和理论上都没有得到解决。在巴黎公社之前，无产阶级专政还只是一种纯理论概念，还是一个马克思、恩格斯所提出来的未曾被实践所证实的论断。1871 年的巴黎公社不仅在理论上验证了马克思论断的科学性和正确性，而且在实践上解决了究竟用什么东西来代替被打碎的旧的国家机器以及无产阶级成为统治阶级后采取什么样的具体形式的难题。这是巴黎公社最伟大的历史功绩，也是它在历史上具有深远影响之所在。

　　巴黎公社起义 46 年后，俄国无产阶级在俄国布尔什维克的领导下，经过长期艰苦的斗争，终于在 1917 年俄历 10 月取得了社会主义革命的胜利，建立了世界上第一个社会主义国家。俄国苏维埃政权是巴黎公社民主政权的再现，是它的继续。列宁说："公社的真实本质并不是资产者通常所寻求的那种东西，而是它创立了特殊类型的国家。这样的国家在俄国已经产生，这就是工兵代表苏维埃！"列宁认为苏维埃再造了巴黎公社所创造的那种国家类型。十月革命胜利后，列宁在全俄苏维埃第四次代表大会上指出："任何一个自觉的社会主义者，任何一个考虑过革命历史的工人都不能否认苏维埃政权是最高的国家类型，是巴黎公社的直接继续。"巴黎公社是这种形式的萌芽，苏维埃政权是这种形式的发展和完成。

　　巴黎公社起义 78 年后，中国人民在中国共产党的领导下，经过几十年艰苦卓绝的奋斗，终于取得了新民主主义革命的胜利，在一个占世界人口五分之一的国度里建立了无产阶级政权。中国革命的胜利是继俄国十月社会主义革命胜利后的又一次伟大胜利，它不仅从根本上改变了中国历史的进程，而且改变了东方和世界的形势，从而为无产阶级国家政权在世界上的胜利存在提供了有利的环境条件。中国的无产阶级政权同苏维埃政权一样，是巴黎公社无产阶级民主政权的再现和发展。

　　在马克思之前，曾有许多空想社会主义者对未来新社会的政治形式进行过构想，但是后来的历史发展证明他们的构想只是一种空想。马克思对这个问题也给予了极大的关注，也曾为这个问题所困扰，并尽力去寻找正确的答案，但他没有陷于空想，而是期待用群众运动的经验来解答这个问题。巴黎公社诞生后，马克思以他敏锐的眼光立刻认识到问题解决了。他在《法兰西内战》中说，巴黎公社就是他"终于发现的、可以使劳动在经济上获得解放的政治形式"。列宁在《国家与革命》中说公社是无产阶级革命打碎资产阶级国家机器的第一次尝试，是终于发现的可以而且应该用来代替已被打碎的国家机器的政治形式。巴黎公社的伟大历史功绩就在于它是世界历史上第一个无产阶级专政的政权，就在于它为后来的无产阶级革命提供了一个光辉的典范。列宁曾多次指出，俄国苏维埃政权是巴黎公社的再现和继续，巴黎公社在打碎旧的国家机器、建立新型政权这条道路上走了具有全世界历史意义的第一步，苏维埃政权走了第二步。

巴黎公社以自己的革命实践宣告了蒲鲁东主义和布朗基主义的破产，推动了马克思主义的传播。在巴黎公社革命实践中，广大革命群众冲破错误理论的束缚，充分发挥了革命的首创精神，第一次打碎了资产阶级国家机器，建立了无产阶级和劳动群众的民主政权，从而在客观上证明了科学社会主义理论的正确性。在群众革命要求的推动下，公社的蒲鲁东主义者和布朗基主义者做出了恰恰与他们学派的信条相反的事情。例如：蒲鲁东主义反对工人参加政治斗争，但是巴黎工人积极参加政治斗争，直至夺取政权；蒲鲁东主义反对一切国家，包括反对无产阶级专政的国家，但巴黎工人建立了自己的政权；蒲鲁东主义的理想是建立人人都成为小生产者的社会，但公社则决定把资本家的工厂转交给工人协作社来组织生产，即组织社会化大生产。又如：布朗基主义主张依靠少数人的密谋活动夺取政权，建立少数人的专政来实现社会主义，不是依靠广大群众的革命斗争建立无产阶级专政。但是，公社革命的实践证明正是在群众运动的基础上才夺取了政权，革命胜利后所建立的公社不是少数人的专政，而是在全体人民普选基础上产生的民主政权。公社的革命实践宣告了蒲鲁东主义和布朗基主义的破产，巴黎公社大大推动了马克思主义在其他国家的传播。正是因为有了巴黎公社，也正是通过巴黎公社，许多国家的工人群众才知道并接受了马克思主义。

巴黎公社以其伟大实践和革命成果极大地丰富和发展了科学社会主义理论。巴黎公社的实践证明，掌握革命武装是建立无产阶级专政的首要条件。无产阶级不能简单地掌握现成的国家机器，必须把它打碎，才能建立无产阶级专政。无产阶级国家必须充分发扬无产阶级民主，把权力保持在人民手中，才能防止国家和国家机关由社会公仆变为社会主人。无产阶级革命必须有马克思主义理论的指导和无产阶级政党的正确领导，这是无产阶级革命胜利的根本保证。

巴黎公社是国际共产主义运动史和马克思主义发展史上的一个里程碑，是社会主义由空想变成科学，又由科学变为现实的一个重要进程。

巴黎公社不仅在理论和实践上解决了国际共产主义运动所遇到的重大实际问题，而且为未来的共产主义运动提供了极有价值的借鉴。

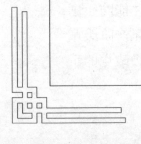

LI SHI DE FENG BEI —— BA LI GONG SHE

参考文献

［1］《第一国际与巴黎公社》，四联出版社，1955 年 1 月出版。

［2］中国人民大学马克思列宁主义教研室辑：《历史的丰碑——巴黎公社》，中国人民大学出版社，1957 年 8 月第 1 版。

［3］中国人民大学编译室：《巴黎公社史》，1961 年 3 月第一版。

［4］天津艺术学院理论组：《〈国际歌〉和巴黎公社革命音乐》，人民音乐出版社，1978 年 10 月第一版。

［5］（法）亚尔培·洛比达：《巴黎围城和巴黎公社时期的速写》，人民美术出版社，1979 年 9 月第一版。